D1666417

Der Bärenhüter im Waldgut

Maurice Chappaz
Das Buch
der C.

Für Corinna Bille

Aus dem Französischen

von Pierre Imhasly

Waldgut

Umschlag und Illustrationen
von Ruedi Baumann

Der Originaltitel lautet
Le Livre de C
und ist 1987 bei Edition Empreintes
in Lausanne erschienen
Copyright für die deutsche
Ausgabe by Verlag Im Waldgut AG
Frauenfeld 1994

Die Stiftung Pro Helvetia hat die
Übersetzung dieses Werkes
gefördert

Satz, Druck und Einband
Offizin Andersen Nexö Leipzig GmbH
Papier von Ernst Geese, Hamburg

ISBN 3 7294 0087 8

Verlag Im Waldgut
Industriestraße 21
CH-8500 Frauenfeld

Inhalt

Das Glühwürmchen

Wo ist Corinna?

Ihr Blick überdauert.

Ein Aufruhr drängt mich, unwiderstehlich, uns einen Himmel hinzuzudichten, wiewohl ich weiß, daß das Leben, der Alltag mit seinen Werken, jetzt und immer, tiefer reicht.

Der Schmerz und eine Schuld sind, was den andern so erhaben macht, entgrenzt. Davongetragen wird man: immer wieder und ohne Ende. Auch wider die eigene Vernunft versucht man, hinüberzugehn, zwischen einem Abgrund und dem Stern, der uns fehlt. Zeugen will man sich wieder in dem verlorenen Wesen, das buchstäblich unser Leben ist.

Jedes Lager wartet auf ein Zeichen. Eure Geheimnisse legen sich auf unser Antlitz.

In dem Loch vergaß ich die Kinder! So gegenwärtig in ihr, mit ihr. Zwischen Erscheinung und Verschwinden habe ich mich ausgesondert.

Eine Idealisierung, was ist das? Die Fotografie dessen, was der Tod in einem jeden uns eröffnet: die Flamme der nicht gewordenen Liebe, die der Vorübergehende trug; und diese Flamme ist es, die uns verzehrt.

Sie aber steigt auf, gespeist allein von irdischen Geschichten. Wahre und erfundene. Das Universum bewohnt uns. Corinna Bille ist eine Schriftstellerin, die den Postkarten-Engel ankratzt und dem Engel-Engel vorangeht. Ihr schickt Maurice seine Briefe voll schwarzer Wälder, neue Folgen der Hohen Zeit des Frühlings.

7

Das ungeheure Ungedruckte der Frau – im Jenseits wird es erstattet werden.

Schlafen im Land.

Eines Tages folgte ich einem Alten aus meiner Bekanntschaft. Der trug so schöne, selbst gezogene Rosen auf das Grab seiner Frau, die er recht unzimperlich behandelt hatte, indem er ein Reich von Reben schuf. Seine Trauer beschwichtigte er mit prächtigen Rosen, auf welche die Leute von S. scharf waren – sie wurden geklaut. Er legte sich in gewissen Nächten hinter dem Grabmal auf die Lauer, um den Dieb zu fassen.

Ich habe den Mann sehr geschätzt, nicht zuletzt, weil er, Jahre darauf, bei einem jungen Mädchen von der Liebe hingerafft wurde.

Ja! nun, so ist es.

Wer bin ich? Wer verhört mich?

Morgen schimmere ich noch.

Vorwärts taste ich, ohne zu verstehn, was alles mir gegeben wurde, und was anhält, doch mit dem Vorsatz, bis ans Ende dessen zu gehen, was sich in der Nacht verbirgt. Der Hafen unter den Zypressen: Kein Schweißtuch mehr, kein Schweiß. Unterwegs kleiden sich die Abwesenden in unseren Herzen um.

Exit

Verhört mich bitte nicht

Weit draußen hat meine Trauer das Korn niedergedrückt. Meine Frau war berühmt und schön.
  In Massen kamen die Leute zu mir auf Besuch.
  Nein, nein.
  Tor und Schober auf, Einsamkeit!
  – Sie finden sich wieder zurecht?
  – ...
  – Viel Arbeit? Zum Glück!
  – Weihnachten, wir begreifen, wird schwierig zu überstehn.

Schließlich fuhr ich aus der Haut.

– Ich hoffe, an Ostern wird man mich kreuzigen, ein für alle Mal.

Ich bereue die Lästerung, Herr, bewahr mich vor der dunkeln Kammer.

Mich fürchtet vor dem Frühling, Freunde.

Auf der Grenze ein Kuß

– Geh nicht, geh nicht fort, schrien das Jahr darauf alle die Schwellen und Frauen.

– Nichts mehr von «Wie es sich gehört»; gestern morgen abgegangen, ist mein Herz schon da drüben.

– . . .

– Mein Saft aber ist noch grün.

Schon stieg ein Stern aus dem Dunkel.

Eine Stimme rief mich, ein Gebet.

Ein Lob ersteht

Auf der Straße vergehen alle Schritte.

Nichts zu sagen:

Ich verlor – und hatte es nicht gekannt – das Wesen, welches das Wunder meines Lebens war.

Ich müßte verwünschen und verwerfen.

Aber ein Lob weht und ersteht.

Kaum aus den Mauern des Friedhofs heraus: ein Murmeln, wie Schnee, der im Ohr zergeht, erhellt mir den Schrecken. Das Unheil im Unglück der andern schwärzt alles weg, auch den Rest von Verstand.

Das Erstaunen darüber löscht nicht meinen Schrei.

Diese Welt ist ein Abenteuer.

Der Entschwundene ist in mir.

Unbekümmert geht eine ungekannte Verherrlichung durch mich.

Ferien

Drei Tore zu meinem Haus: der Himmel, die Nacht, der Tod.

Ist es nun aber Gott, der dem Menschen, oder die Frau, die zum Manne sagt: «Du wirst mich eine Zeit lieben?»

Wir sind am Ufer des Meeres.

Was für ein Blau von Wetter!

Das Tempelchen, dann die Wölklein werden durchsichtig.

Er, der in mir wohnt, will in ihr zu Sich finden.

Nun, dann betrügt Er mich ...

Siesta. Stimmen schwirren über dem Sand.

Und die Frau, Sprache, von der die provenzalischen Dichter wollten, wir könnten sie reden.

Wir essen ungewohnten Fisch, zu Mittag hereingebracht von der See. Die Netze zappeln noch.

Der große «Er» spielt die ganze Zeit. Die ganze Familie ist mit Ihm aufgestiegen zu dem Belvedere. Weißer Marmor, ausgestreut wie Schnecken zwischen den Zypressen. Am öffentlichen Brunnen trink ich einen Becher Wasser.

Dann reihen wir uns hinter einen schwarzen Koffer ein.

Sie und Er sind auf Reise gegangen.

Ohne den Vogel, wippt ein Zweig zurück.

Ich hange im blauen Himmel.

« *Auf Wiedersehen im Himmel!* »

Diese Zeilen, nicht fester als Regen, der auf Asche tropft, flattern über Marmor von 1900, der ist kaum gedrechselt und gefranst, seine Nacktheit vergilbt. Wie ein Schiff wird man ihn löschen, wird der Totenacker neue Ladung aufnehmen. Auf Wiedersehen im Himmel! Es ist immer Augenblick der Abfahrt. Ich grüße die entrückten alten Fotos, tabakfarben, von Ehegatten oder einem Kind, eingelassen in winzige Schreine, in leichte Ovale aus Glas. «Unsere Lieben, unsere Liebsten ... »

Wo ist die Minute, die sie festhielt? Wir selbst, dank ihnen sind wir da, dank ihnen sind wir abwesend. Das Hier tut sich auf. Das Hier, was ist das? Das Meer. Die Namen, die Daten, diese leisen Schreie der Zuneigung, die Beklemmung über der Küste, diese Taubenlaute; trübend unter den Rosenstöcken, den Thuyas, sind es die Steine, die piepen.

Vater, Mutter, Verlobte oder Gattin; ihr, die ihr im Leeren unsere Seele werdet – ja, wir selber hören auf zu leben, ich schreibe es getreu dem Apostel. Gebein, Durchschein, murmle ich die seltsame Übereinstimmung.

Die jungen Tölpel, die im Fahrtwind sterben, im Auto, sie lachen.

In uns drin beginnt die Reise.

In einem Grab wartet ein neues Wesen auf mich, das ist das Rätsel.

Ich weise Tränen ab.

– Ich bin die blaue Fifon –

Nachlässe, Ablässe, Versteigerung auf dem Friedhof!
Gelobt seien all jene, denen ich wehgetan habe!

Wär ich ein Heiliger, ich wüßte so unscheinbar zu sterben, als ob eine Maus der Mauer entlanghuschte. Am Ende, was ist? Glauben will ich, daß ein Akt der Liebe unser Leben beschließe, und daß wir endlich jene Seite der Welt betreten, wo auch Gott Frau ist dem Mann, und Mann für die Frau.

Das Herz

Wären wir doch zusammen abberufen worden! Ein einziges Bild erscheint mir immer im Traum. Ein Tier (aus jener Familie, in der ich die letzten Widerständler des Landes sehe), ein Tier rennt über einen Abhang davon. Vorbei huschen die silbernen Schuttkegel, münden in Abgrundtiefe, leicht dampft es herauf. Wie aus dem Bad, das in der Schrift der Engel rührte. Schritte in der Luft, der Tag tritt ans Licht. Das Moos entstarrt. Vom Frauenmantel eingesammelt, werden die Tautropfen gewogen. Ausbalanciert alles, zwischen der Stille, die aufhellt, und dem Wind, der einhält über den

Steinen! Das Kraut ist noch naß und ich folge meinem Wild: graue Masse, ein X zwischen Brodem und Schatten.

Der Große Berg schwitzt Tau.

Eine Art Aura legt sich darauf. Die Sonne am Ende einer Herbstnacht.

Plötzlich ein Satz, und die Gemse wird fallen, aus vollem Lauf. Hat eine Kugel bekommen, ohne daß ich mich anlegen sehe. In Wirklichkeit, mit meinem Freund P., schoß ich sie von einem Grat herunter, und mit der Gewalt des Blitzes verwarf der Schuß sie auf hundert Meter; ihr Herz war entzwei, hatten wir gesehen.

Sie und ich ist das nun, und ich renne und hoffe auf plötzliche vollkommene Vereinigung.

Ein Ruch von Wasser, der Wind. Hart der Himmel, und zwischen zwei Tranchen Schatten ducken sich die Alphütten, dem Tod wider den Strich.

Auf der Piste hat Gott schon abgedrückt, wie ein Grenzer, der uns in der Wüste aufspießt.

Das Feuer

*M*üssen wir brennen?

Was sagt das Feuer dazu?

Ist lange her (ich war zur Hälfte ein junger Mann, Stiftsschüler), daß in den Bergen ein Bauer, verhieß uns ein Priester, uns zwei oder drei, auf der Treppe, am Tag der Beichte, im Kloster S., wo das Glöcklein der Sorbonne läutet ... «ein Bauer!» rief der Geistliche aus, und hinter dem abgewürgten Schrei stand sein ganzes Schweigen, «ein Bauer hatte einen Scheiterhaufen errichtet, um sich zu opfern für die Sünden der Welt». Er wurde heruntergeholt von dem hölzernen Altar. Sein Versuch hat mich berührt. Ein Verrückter?

– Verrückt, welcher Poet ist es nicht? Später dann sah ich, im Kino, den Mönch, der gegen die Verbrechen des Staates protestierte; wie er, reglos, sich sammelte, sein mit Petrol getränktes Gewand anzündete, um in Lotosstellung ein paar Minuten lang zwischen den Flammen zu zergehen, zusammenzufallen dann wie ein welkendes Blatt, ja, einem solchen glich er in den Falten seiner Toga. Ohne aus der Fassung zu geraten, kippte er zur Seite; was aufschien, sein Leib, seine Büste: kein Schauer. Dies geschah in einer Straße in Asien. Was für ein Beispiel! Befolgt nicht weit von uns vom Studenten Jan, wie der Evangelist, um das Dunkel seines besetzten Landes zu erhellen.

Die Welt ist aus den Fugen.

Die Verzweiflung hinter uns, es macht einen beinahe wieder hoffen.

Nicht im Traum kann ich daran denken, so furchtbaren, so einfachen Opfergang zu tun.

Auf meinen Märschen aber, beim Vergilben der Sperberhänge, drin die massigen Blöcke auf ihren winzigen Schattenfüßen; wo die Wasserfälle schweigen in einer Wüste, gezeichnet nur von einem Vogel, vom Komma eines Flügels; wo den Gletschern der Schnauf ausgeht, sind diese reinen Menschen mir durch den Sinn gegangen.

Wie oft habe ich mich inständig gefragt: «Würdest du dich ins Feuer werfen, wenn du im gleichen all deine Sünden verbrenntest?

Ich faßte das ins Auge, aber nicht für mich. Ich kann mich annehmen, mit einem Achselzucken, und lobe mir dann die kleinen Freuden. Einer meiner Lehrmeister den der aus dem Feuer geholte Bauer auch bestürzte, gab mir zur Antwort: «Achte dein eigenes Mysterium», als ich ihm die Unfälle meines Lebens bekannte. Wie aber jenes andere werden, das ich bewundere, die Frau, die in mir wohnt mehr als mein ganzer Jammer, wie zu ihr hinfinden, befleckt und unnütz wie ich bin? Ich möchte eine Flamme sein und ein Ho ho ho! Nein, ich denke nicht daran, mich zu bestrafen. Wie eitel auch! Zu sein, was man ist, geht über alle Fehler hinaus. Ungenügen und Unschuld, so schätze ich mich ein. Und jetzt sehne ich mich nicht nach meinem, sondern nach einem anderen Leben. Mein Mysterium ist auch bei dem Feuer. Das mir sagt . . .: Halt mal, ich zünde jeden Tag eines an, um hinter weißen Fensterscheiben Soldatenkost zu wärmen, in dem Chalet drall am Hang, inmit-

ten gefrorener Matten, ein flaschengrüner Glanz im Beben des Rauhreifs, wenn die Sonne hereinfällt; aufgepaßt, ich bin eins mit dem Chalet, umringt von der Röte
der Lärchen; nachsichtig und luzid das Feuerchen, das
meine Kost ausbrütet; aufgepaßt! es sagt mir: «Sei gut
zu den anderen Menschen, lerne zu lieben, so wirst du
wieder zu ihr hinkommen.»

Es friert, es brennt.

Ich habe nicht genug Punch, um Feuer zu werden
oder verrückt.

Heilige Schrift

« Avec furie et silence »

Sie und ich, waren wir nur Spielzeug eines Stärkeren? Muß ich sagen: «Auf daß Er sei und wir verschwinden?» Sind wir denn überhaupt Personen?

Die Zeit hat das Gedächtnis verloren
Gib ihr den Becher zu trinken

Der alte Pfarrer, zurück aus dem Spital mit zitternden Beinen, als wär er auf hoher See, da er uns mit den Augen abzählt im Dämmer der Kapelle. Nach der Abendandacht, aufrecht im Chor einen Schlußpunkt stammelnd, sagt er: «Löscht alles aus, es gibt nur die Liebe!»

Ich will ihm folgen.

Irgendwo ist nun die Vergangenheit nicht mehr, und mit ihr die Zukunft verschoben. Wir aber sind da, wo die Frucht aufplatzt.

Das ewig Neue erfüllt sich. Hätte ich eine gemeinsame Identität mit C und allen, die ich geliebt habe, würde ich es dann bedauern, nicht mehr ich selber zu sein? Daß Maurice vorbei ist während diese ganze kleine, wunderbar unvollkommene Welt, wie ich sie erlebt habe, die Tiere, die Bäume, die Häuser und was immer, bis ins Blut, die Liebe eingeschrieben hat, während all das aufflattert und psalmodiert. Denn dieser Welt bin ich treu, und nicht einer anderen – dieser Welt hier, vereinsamt in Leid und Tod; auf die bin ich gekommen, 1916, wenig Schnee auf den Dächern. Wo, bei hellichtem Tag, rufe ich es wieder aus, wer die vollkommene Liebe gekannt hat, das Nichts annehmen muß. Allein Christus kann ich annehmen.

Jene Schwalbe, unsichtbar geworden.

Ich lebe, das heißt, ich versuche C zu werden und einzuschiffen. Mit der Sonne, die Ausgang hat, mit den murmelnden Wassern der Dranse um meine Keller spiegle ich mich schon in dem, was noch nicht ist. Schreiben war uns das Wunder, die Dinge berühren zu können. Sogar die Steine werden empfindsam. Kein Engel gibt mir je, was der Tod mir geben wird.

Hinter dem Spiegel

Von hinter dem Spiegel sieht sie mich. Was immer ich geglaubt habe, ist abgespänt worden, Abnutzung aller Tage, Gewohnheit, Tugend gar, manchmal. Versunken im Grau der Zeit. Kam aber wieder herauf, wie ein goldener Sou, wenn auch ohne Wert, im Augenblick des Todes. So viele Gedanken, Taten waren uns eingeprägt, ohne je aufzuscheinen, denn für unsere Nächsten ist die eigentliche Sprache das Nicht-Gesagte! Ohne die Nacht zu durchdringen, denn unsere wahren Wünsche entlaufen, und vielleicht gar sind die gemacht aus gegenseitigem Scheitern; könnte man es überwinden, es würde uns vollenden.

Was mich am stärksten umtreibt: in mir an eine Stelle zu kommen, wo es über die eigentliche Bedeutung hinausgeht.

Heirate. Es ist wie einen Gletscher aufsteigen. Und irgendwo im Nebel bin ich auf einem Gipfel aufgelaufen. Klar, daß man nichts sieht. Ich suche mich. Gleichzeitig fand, ohne mein Wissen, die Begegnung mit dem andern statt: Reinheit und Entgrenzung packen mich.

Einen Augenblick hellte der Himmel auf. Ich bin allein. Lebend, wie man sagt. Doch ich denke an die Unsichtbaren. Die gegangen sind, schauen uns zu, folgen uns. Was hätte sein können, entflammt; was im Bauch getragen, was nur geschrieben wurde, scheint durch. Die Entschwundenen lesen, wie einen Brief, zwischen den Zeilen, mein Leben. Sie meditieren. Diese zweite Wirklichkeit hält uns gefangen mit Leib und Seele.

Wir sind jenseits der kleinen unglückseligen Bewußt-seinsgeschichten: der Tod und dann die Gewissensbisse. Nein, das verlorene Paradies kommt nieder – und unser eigentliches Sein kommt über uns, jenes, das mit der Liebe verbunden war. Und dieses Wesen ist, was die Herren Seelen vom Rhone-Jenseits gewahren, ist, was sie ironisch und gutmütig ermuntern.

Ich bin nicht allein, wenn ich in meine Chalets ein-dringe, in eines meiner Häuser, nachdem ich mich werweiß zerrieben habe an anderen, auch liebenden, vielleicht auch verlorenen Menschen. Nicht allein, wenn ich im Winter von der Bahnstation hinauf zu der hohen Bleibe im Schnee komme, wo augenscheinlich keiner mehr wohnt. Nicht einmal meine Katze, dem Adler entkommen, der rostroten Masse aus Federn und Krallen, die sie knapp verfehlte, im Schatten der Was-serleite beim Chalet zu den Erlen; später dann von einem Luchs gemeuchelt, an einem Abend im Herbst, ehe die Flocken kamen, und ich wollte ihr aufsperren; nicht die Hunde, der Reihe nach blind und stumm ge-worden, witterten sie mich noch, dann aber, vom Alter hingestreckt oder von unheilvollen Fleischklößen: ein-gegangen auf den Matten! Gerade noch, zwischen Ver-gangenheit und Zukunft, die ewigen Spatzen, tänzelnd auf dem Fenstersims, wohin ich jeden Morgen ein bißchen was von meinem Proviant lege. Ich stelle mich in eine Mauerecke und bete. Den Schöpfer rufe ich an und rede zu all jenen, die in Ihm sind. Was ich ihnen sage: Worte der Liebe. Mich zu führen, fleh ich sie an, auf daß ich wirke gemäß dem, was sie wissen, und daß ich die erste, so ungenügende Wirklichkeit durchmesse, jene der Tot-Geborenen. Mit der Sinnlosigkeit als Schlüssel.

Den Glauben muß ich freilich haben, einen Glauben, der alle Sünde löscht und sie dahin bringt, wo Gut und Böse uns nicht mehr trennen, nicht von uns, nicht von den andern; wo eine echte Welt wiederaufsteht, mag sein ohne Himmel und Hölle – Himmel und Hölle wären dann wirklich verdunstet. Unschuldig geworden, lacht man, erzählt man sich, kommuniziert.

Die Stummen reden, die Tauben hören zu ...

Wir sind hier in unserem Leben zurück.

Weil ich an die Schatten-Leute geglaubt habe, schreibe ich diese Dinge. Wir verkehren von Schlaf zu Schlaf. Nachts strömt aus der entferntesten Zukunft die Zeit auf uns zurück.

Das Land

Noch nie erschien mir das Land so brüchig, so schön.
Da bleibe ich . . .
 – Stumm vor Erstaunen?
 – Mit angehaltenem Herzen!

Unter meinem verwitweten Hause, schau, das Rauschen des Flusses lieb ich, zwischen Tagtraum und nächtlichem Sagwerk, ein Schnauf, der den Gletscher verewigt: die Dranse, Furie, bäuchlings zwischen Erlen, nahe und doch verloren, auf Meilen schon im Ohr. «Wo schläferst du mich ein?» sag ich zum Wasser in diesem schweifenden Dämmer. Auch ich bin zwischen einem Flügel und einer Woge. Das Getöse bringt mir Kunde von einem anderen Land.

Das ganze Leid senkt sich mit dem Winter, wie die Stimmen, die vor dem Kramladen ersterben, wie das unter den Mantel gedrückte Huhn, die schwarze Katze längs eines Balkens, indes die Dächer, der Grenzen verlustig, durch die Nacht reisten, auf der Suche nach noch einem Stern. Die Häuser weichen ins Weiß zurück, Türen zu, Türen auf, doppelt so dunkel, geladen mit einer Schatten-Granate.

Ich habe es nur zum Schein verlassen, dies Dorf, das nur dem Schein nach ein Dorf ist. Die Bäume schon auf eine unbekannte Grenze abgerückt. Werde ich darüber hinausgehn, wenn das Darüberhinaus überall sein wird? Meine Träume – die einen humpeln, die andern laufen Schlittschuh. Weiter geh ich, auf ein paar blauende Matten zu; die Flucht einer Hecke, am Rande des Wäldchens meiner Kindheit, zieht mich an, und wie sie sich im Licht des Tages verfestigt. Das Wäldchen ist seit mehreren Sommern ein Gefängnis der Stille, in das immer schon, in das hinein einen Augenblick damals all jene traten, die mich liebten: um zu schlafen, ja; auch um sich an die Kühle zu legen, nach dem Mähen; ich sehe ihre Körbe herumgehen und die weißen Wäschezipfel, wie sie die Flaschen verbergen; oder sie haben dort eine Hasenfährte gefunden und kamen mit dem Gewehr zurück, haben geliebelt und Ostereier versteckt, wie sie die Bräute versteckten hohoho! meine ganze bäuerliche Herrschaftsfamilie. Ich aber habe meinen Jauchzer mit unterdrückter Stimme getan, so als wollte ich im Kopf den Kompaß richten... und die andere Herrenfrau, meine entschwundene Gattin zeichnet sich ab, kleine wilde Erdbeeren pflückend, spitz wie Fingernägel.

Das Leben gefror? Pardon meinen Erinnerungen, immerhin. Die hohen, stillen Bäume, schlanker noch als im Hafen die Masten ragen sie, die langen Lärchen, die oben im Dunst vergehn. Bin ich vor dem, was ich sehe, oder darin? Dem gleich, was sich im Innern bestimmter Kristalle verewigt, wiederholen Leib und Seele sich endlos, treffen durch Zufall aufeinander in der Mineralhöhle des Winters. Wie viele Augenblicke braucht es, die Zeit zum Schweigen zu bringen? Diese Flucht in uns drin, wird sie aufhören? Allein großes graues Erschauern. Kein Ufer, kein Land. Da ist nichts. Da ist das Paradies. Die zweifache Wahrheit, ein einziger Spiegel, in dem ich mich sehe, wirft sie aus: Ich weiß, daß ich sterbe, und ich bin's zufrieden.

Sie ist da.

Rund um das Bauernhaus suche ich meine Frau, wie eine flennende Katze.

Ich habe gesehen und weiß nicht.

Ich drehe den Kopf nach rechts, nach links. Ein neuer Duft nach Schönheit überkommt mich.

Ich entwische auf die Steifen Weiden.

Weidensteifen, sprechen die Krähen das aus.

Im gleichen kommt mir eine Nachricht, eine deiner Nachrichten wie ein Schrei, in den sich der Wald einschreibt, in der Finsternis, und mein Haus. Auch überträgt sich auf mich eine plötzliche Schwärze, in der ich mich wiedererkenne.

Das Bett

*I*ch liebe einen Leib in der anderen Welt. Ich konnte ihm nicht alles bezeugen, was in meinem Herzen wuchs. Und ich pfeife auf das Herz, sagt der Mann, wenn es ein unnützes war. Einen Fußtritt gibt er der Tür seines Gartens (den er nicht mehr hegt), überlassen den Körnern, Farben, Düften, die seit siebzehn Jahren überdauern, trotz der Brennesseln, die durch die Mauer gekommen sind. Astern haben einen Kilometer mit dem Wind gemacht. Und er gewahrt, gelb, die wilden Stiefmütterchen, die in seine Kindheit zurückweisen, die überall wucherten auf der Erde der Kornfelder, silbergraue Erde, härter als die Steine, nach dem Schnitt, von der Sonne, und die nun hier und da auf einer Böschung oder längs der Eisenbahnschienen erbeben, in diesen letzten Ecken, dürr und grau, den von Vergessen durchsichtigen Streifen Land. Weiß werden die Stiefmütterlein, strahlend und welk, neben anderen, noch bescheideren Blumenkronen, Gartenflöhen, den Seifenblasen verwandt, unbedarft wie Kohlweißlinge: die Blumen der Verzweifelten. Die weiße Winde singt wie sie kann! Oft gehn sie noch zum Bahnhof, ehe sie sich erhängen; die zweitletzte Etappe der Zuflucht liegt in einer Gartenanlage. Ein wenig mehr Hoffnung ist in den Veilchen, sie zeigen es im Augenblick, in dem sie sterben. In ihrem letzten Atemzug aus Parfum, im winzigsten Hauch über dem Tisch, wenn, Winterende, hinter dem Fenster des Zimmers eine Wolke zurücktritt, kann man an einem Entschwundenen riechen, der dich ruft. Wie ein Schrei aus Amerika auf einer Postkarte. Die dürren schwarzen Worte der Familie bekommt man zwei Monate später.

Der rostige Schlüssel im Schloß kreischt die große Abwesenheit. Unnütz zu klopfen. Mußt dir selber aufschließen. Ich trete ins Haus, in dem mir keiner mehr wartet, das indessen meine Höhle wird. Weil dort die Toten und die Nahrung sind. In den Buffets Resten. Das Haus dünkt mich das Gebein der Dahingegangenen. Die gelben Stiefmütterchen und die matten Veilchen tränken sich in einem Wasserglas vor den Bildern.

«Litte ich nicht, ich hätte dich nicht geliebt», sagt der Mann, wendet sich an die zehn Porträts der gleichen Frau, lachend die, ernst, zart; schmerzhaft auch, und die Augen des Mannes versinken, schließen sich wie vor einer Nadelspitze.

Er setzt sich an einen runden Tisch.

Da ist, in Nußbaum, das Bett, Bauern-Empire, mit seinem Gesims, sein oranger Widerschein exakt auf der anderen Seite des Tisches an der Wand. Einsamkeit überkommt ihn. Und er hat den Eindruck, alles zu begreifen: die Einsamkeit der Gegenwart, die Einsamkeit der Vergangenheit. «Zählt sich alles zusammen für die Ewigkeit?» fragt er sich.

Einem Hinschied entspringt als erstes Schuld, entsprießt als erstes das Böse. Der Mann, der augenfällig vom gleichen Stil ist wie das Bett, sagt sich nur, daß er seine Frau zu wenig berührt hat. Er spürt in sich eine Art stummer Kraft, unerklärbar. Das ist alles, was er sich vorwirft. Sein Mund in Falten, die Hand stützt das Kinn.

Und er sagt sich, wie einer aus dem Stande seiner längst entschwundenen Bauernwelt (als es die noch gab), Arbeiter des Lebens, der Felder, Herden, Obstgärten, Misthaufen, von wo er seine Moral herhatte, als er zehn war, und es scheint ein Satz aus einem anderen Jahrhundert zu sein: «Ich habe dir nicht genug Liebe gemacht, darum bist du gestorben.»

Der Mann murmelt eine Entschuldigung. «Wir verstanden uns gut, doch ich hatte eine kleine schwarze Kugel.»

Hätte er ihr doch wenigstens das Bett geschenkt, das sie sich wünschte: mit Himmel, Baldachin, Seide, mit gewundenen Säulen, denn es war seine Magd auch eine Frau, die mit ihren Träumen lebte. Sie war durchdrungen von Ungeheuern, von Schlößern, Puppen, Herrschaften, von Riesenblumen; geheimnisvolle Wälder atmeten in ihr. Ja, wie ein Windzug hausten diese Welten in ihr und redeten zu ihr.

Indes er sich mit wirklichen Obstgärten herumschlug, von Dornengebüsch zu Notariatsakten, mit den Monstern seiner wechselnden Umgebungen, sich abmühte mit leibhaftigen Chalets aus Lärchenbalken, leibhaftigen Reben, Kellern, leibhaftigem Wein, der einem Rubin auf die Lippen schwemmte. Und da drauf pfropften sich seine Märsche, Fahrten: Wasser, Schnee, Schweigen in den Bergen.

«Alles ist Traum», sagte er, «doch das Bett ist ein Reich, das es nicht gab.»

Er schlägt sich leicht auf die Brust: «Was ist denn? Ich versuche viehische Verzeihung.»

Er bannt das endlose Verschwinden auch, indem er ein Stück ihrer Wäsche trägt, ein weißes Tricot auf der Haut. Mit den kleinen verlassenen Blumen wartet er. Der blinde Himmel, schwarz schon, wo das Fenster sich beschlägt, treibt Wolken in die Tannen.

«Oh ja, fährt er fort, ‹ich habe gesagt: Du bist es, als ich dich sah›. Wie der Mann zur Frau spricht bei den Stämmen, die Eden nah sind, und es ist heilig: so sind sie verheiratet. ‹Du bist es› ist allem genug. Doch etwas ist mir entgangen, und du gingst fort.»

Er steht vor dem Bett. Den Tod klagt er nicht an. Der Tod ist schon in ihm, und Sie, Sie ist da in der anderen Welt. Auseinandergerissen von der Nacht, der großen, treffen, weiß man, Gatten wieder aufeinander. Und es sieht so aus, als sei seine Frau gleich hinter den Stiefmütterchen und Veilchen beim Fenster.

«Nun denn», sagt er, «du lachst!» – «Weil du das Kind bist und mich begehrst.»

Der Mann kann sich nicht vorstellen, daß es zu Ende ist. «Rufe mich», sagt er. «Ich bin bereit, hinüberzukommen, ans andere Gestade.»

«Ich werde in dein Herz kommen», fährt er fort. Besoffen vom Gemurmel, stöhnt er, rauft sich das Gesicht.

Entweder es ist alles da.

Oder es gibt nichts.

«Ihr Blümlein für die Reisenden, kleine Schutzengel der Böschungen, ich werde mich nicht ersäufen, nicht erhängen, nicht umbringen. Im Schlagen meines Herzens will ich etwas schaffen, das mich davonträgt.»

– «Wenn alles erst bereit ist, in dir und in mir.»

Nichts verstanden

*A*uf einem Schemel sitzend zwischen Feuer und Schnee und dem warmen Wind, der mir auf die Schulter klopft, führ ich mein Leben an mir vorbei. Was sich aufzwingt, immerfort: Ohne den Tod hätte ich nichts begriffen.

Durch die offene Tür des Chalets treten hinter meinem Rücken die Verstorbenen ein, vom ersten, den ich wahrnahm, mein Bruder, als ich sechs war, gefolgt von der Großmutter, deren fürchterliches Röcheln im Todeskampf sich zum Fenster hinaus ergoß auf die Glyzinie, die erschauerte, von sovielen anderen bis zu meiner Mutter, das Lebewesen, an dem ich am stärksten gehangen habe auf der Welt, der Verzweiflung entwichen in einem letzten, jungfräulichen, frühlingshaften Hauch, drei leichte Huster, die vergingen, als sammelte sie Honig, ich sah die Blütenblätter dieses Atems; bis hin zu meinen Vater, in ein paar Minuten weg der, sein Schädel umgestürzt, starker Schädel, Stil Amboß und Herr in der Schmiede, der mich immer beeindruckt hatte, nackt bis auf ein paar graue Haare, vom Schweiß klebend wie von großen Regentropfen, fortgetragen der Besitzer von einem Ödem, ausgetrocknet ertrunken auf dem Kopfkissen, mit einem Fluch wie der Stoß aus einer Kindertrompete. Durch unzählige Zwiste hindurch hatte ich ihm einen Strauß Rosen gebracht. Sagte er nicht: «Schert euch alle zum Teufel!» Die Erinnerung an diesen schrecklich «kindischen» Abschied und an diese Stirn ist mir, als hätte ich ein Kap umschifft. Kommen wir auf den Onkel, der ohne es zu wissen wußte, daß er in einer Stunde entschlafen würde, während ich vorgewarnt war, ich hatte seine Fahrkarte in der Hand.

«*Ihr Onkel, gegen 22 h 00*», und ich teilte mit ihm die Hoffnung, die ich nicht hatte, wir prosteten, aßen den kleinen Imbiß auf, Abschiedstrunk, bei dem wir (statt eines Testaments) über das Haus der Ahnen in Bagnes redeten und über die Reben, deren allerletzte wörtlich dem Felsen abgepreßt ist, ein Humagne auf einer Mauer, größer als das Rebstück selbst. «Wir werden das diesen Winter besprechen...» Und dann weg, so schnell wie der Vogel ab dem Zweig. Die Nachhut meiner Verwandtschaft schließlich, letzte Bürgschaft über mir, meine Tanten, die leuchtenden Kerzen, die sich verzehrend mich erhellten, die älteste, fast hundert, wie ich sie an die Brust gedrückt hatte und ihr die Zeit zurückrief, da sie mich in ihrem Arm gewiegt hatte, nachts in dem weiten Korridor, als ich klein war, Zeiten und Schritte, die auferstehen werden. Im Sterben flammten plötzlich diese Augen auf, wie blauer Diamant, der machte Angst und hieß zwei Leutchen, die da standen, zum Zimmer hinausgehn («Was hast du, was hast du?» ... fuchtelt die eine), und der letzte Tropfen nie gekannter Vision, wie er mich mit Freude erfüllte.

Eine Gabe, die mich überstieg.

Und ich sage es zum Feuer und zum Wind, zwischen dem Schnee und dem schwarzen Kamin: All diese Tode drängten sich auf, ich fand sie alle natürlich. Ernst aber gefaßt warf ich die Handvoll Erde in die Gräber, in Frieden habe ich gebetet, ohne daß mein Leben zusammengebrochen wäre.

Nun aber, heute Mittag, ganz allein mit dem Wald, den Büchern, den Häusern, den Kindern (denn ich bin ein Schöpfer), wiederhole ich mir: Du hast nichts begriffen.

Zu dem, was mir widerfährt, kann ich nicht sagen: geh! Der Ausgerissene bin ich. Indem ich da bin, bin ich verschwunden. Meine Frau hat mich verlassen, nachdem sie vom Spital aus tagelang den kleinen blauen Herbstweg im Auge hatte, der zu dem wilden Chalet hier her
aufführt.

Ich war ein Stück von diesem kleinen Weg. Doch wußte ich schlechterdings nicht, was Liebe ist, weder als Geliebter, noch als Liebender. Vor der Suppe kauernd, die sie machte (ich sehe alle ihre Bewegungen wieder, den Deckel heben, rühren, einen Tannenzweig nehmen, Herrgott! sie ist da, gebückt vor mir, ihr Rücken, der dunkle Rock, sie wird mich bedienen); wie manche Witwer spüre ich eine furchtbare Leere, im gleichen: die Schuld dessen, der bleibt, abgründig in den kleinsten Einzelheiten. Könnte man das mit einem Gewehrschuß regeln, man täte es. Später dann, weniger hitzig, dachte ich an Bruder Feuer. Frotzle mich, wenn du magst, aber: Ein Wort, ein Blick tragen das Unendliche! In bezug auf unsere Frau sind wir, wie es in bezug auf Gott die Sünder sind, die Heiligen begegnen.

Es ist der Tod, der dies bewirkte, und er hat recht.

Im großen Erstrahlen erscheint mir die Wichtigkeit der ganzen Welt, von einer jeden Prise Seele. Ansonsten die Schönheit (der Kristall mit den tausend Flächen) der

Wesen, die ich lieben und verletzen mußte, in der Schale geblieben wäre.

Was nun? An einem Tag hier hatte sie gewünscht, wir würden zusammen sterben.

Ich stochere im Feuer. Aus dem Topf schöpfe ich, für mich, die Suppe in eine Kachel. Die Bewegungen, die sie machte, die wage ich kaum mehr.

Kein Mensch, keiner.

Ich breche in Tränen aus.

Der Schatten

Mit M.R.

Ich nahm den Weg nach dem Land, aus dem kein Zurück ist. Denn ich folge meiner Gattin.

Der Weg ist zuerst in mir selbst, wo diese Welt zuende geht. Wo die andere wiederkehrt. Und sich meine Geburt einschreibt. Ich bewohne hohes Gemäuer von stolzem Gehabe, dunkler Fröhlichkeit. Unter dem Felsen des Fundaments verliert sich aus einer Magerwiese ein Weglein, eine Art Unterschrift im Kraut. Und zickzack Holunder, der Baum dreht und beugt sich, vom Weg umschlungen. Das Ganze tränkt sich im Fluß. Jedes Mal höre ich, von einer Brücke, ihre Stimme (darunter verkrüppelt, zwischen den Apfelbäumen, der komische Holunder):

«Hast du's gesehn?»

Unser Haus wartet. Die Sonne gleitet in Tannen, die uns in die Zimmer gleiten. «Ich liebe sie.» Beim geringsten Hauch beugten sich die Tannen zu den Fenstern und begafften uns. Rauh und sanft schnürt der Herbst mir die Kehle. Ich gehe von Ort zu Ort: der erste Schnee, und ich sehe dort unten ihren Blick, wie er vom Fenster aus Himmel erhascht; der Garten bringt mir ein Stiefmütterlein; der Wald, der tiefblau herunterkommt, ist ein Brief, den sie mir schrieb, und auf dem Papier spürte ich jene andere Nacht. Manchmal möchte ich, mehr noch als den Namen, sogar die Schritte verlieren, den Weg.

Das Nichts atmet in der Morgenfrühe, das Zimmer hört zu. Über dem Bett die Decke mit den bemalten Kassetten, vergoldetes Zackenwerk, das sie beim Erwachen verzauberte, ich finde mich darin wieder, mit ihren eigenen Augen, beim Jagen von Träumen.

Wie andere die Gemse jagen!

– Welch ausgeprägten Sinn für jegliches Rätsel, für jedes Haus sie gehabt hat!

– Hochrot war noch ihr Schattenmund.

Ich rede mit allem: diese Konfitüren, von V. hergebracht, nur mit einem Augenzwinkern hole ich sie aus der anderen Welt des Küchenschranks. Warum? Unvermittelt ist der Obstgarten da; mit ihren gilbenden Blättern stehen vor mir die Bäume, die ich pflanzte, und die Seidenschürze von Rinde, an der Wende eines ganz und gar glatten und samtenen Jahres im Jenseits. «He! oweh!...» Die Zeit, das Heute der Vergangenheit, ist mir gut. Ich getraue mich nicht, die kleine Etikette abzunehmen, wegzuwerfen; in jener festen eckigen Schrift trägt sie ein Datum «Zwetschgen 1979». Auch ich bin eine Pflaume. Ich hoffe zerdrückt zu sein, wenn ich das letzte Einmachglas ausgeschleckt habe. Die Frucht sagt das Leben und den Tod.

Schon tappe ich voran in den Raum ohne Erinnerungen. «Sie werden sehn, wie Sie alle verlieren», sagt mir der Freund, den ich mir ausgesucht habe wie am Fuß der Berge, denn auch ihn hat die Nacht eines Menschen zugeschwemmt. Die Zeit weht. Von neuem erkunde ich mir die Frau (oder das Fabelkind), reif geworden an einer Verwundung, aber nie alt. Ergriffen immer, und

immer präzis, kein Schott zwischen ihr und der Welt.
C hat sich aufgemacht, ist voraus, ist da, ist überall: in
kleinen leeren Gläsern, darin ich auf einmal Blumen
sehe, in Tellern oder gegen Stühle. Die Wände starren
Schweigen. Immer meine Schritte auf den Fliesen. Hunger und Essen befragen mich. Die alten Gerichte, von
meiner Mutter, von den Tanten, die ihren, nun sehr
blauer Rauch. Wie Legenden beschwöre ich Pfannku-
chen herauf, einen Apfelbrei, geröstete Brotrinden mit
den Düften des Waldes oder gerösteten Käse. Unsere
Nächsten sind die Tiere.

«Ich bin auf Fährten.» Ich höre den Jäger, der es
sagte. Ich aber gehöre eher zu einer Herde, die sich zu-
sammenrauft nach der Nacht, eines jener Rudel, wie
Schattenzucker auf der Wüste verfallend.

Meine Familie scheint sich auf eine Person zu ver-
kürzen. Ich erkenne sie wieder, aber das will heißen:
körperlich, sinnlich spüre ich, Schritt für Schritt, Stufe
für Stufe, ihren Verlust im Himmel, in den Bäumen, im
Ungefähren der Mahlzeiten, der Dinge, in den Gesich-
tern manchmal, den Freunden (einer ihrer Brüder, mit
dem Lachen eines Kindleins), was immer für einen Augenblick ihr Leib hatte sein können, weil sie es lebte.

Die Abwesenheit ist eine strenge Präsenz. Vorwärts geh
ich den Weg, den allein der Wind zurückkommt. Die
Rückrufe jenes Menschen, der an meiner Seite war, werden schärfer in dem Maße, wie die Bilder verbleichen.
«Es wird Ihnen nichts bleiben, nur Raum, Distanz, ein
inneres Wasser...» höre ich stammeln; das sei Nichts,

werweiß eine Brache aufgehenden Himmels – «wie das Licht der großen unterirdischen Abnutzung, das in den verborgenen Edelsteinen wogt?» Die Leere eines Diamanten. Wir sind Zeugen eines Schweigens. «Da ist keine Person mehr, kein Zweifel, aber etwas ersetzt die Person.» Mein Gesprächspartner selbst sollte erlöschen. Ist dies gar die Art, wie man einander nahekommt? Unvermittelt hab ich den Alten wieder vor mir, der mich auf einem Marsch zuhinterst in einem verschneiten engen Tal, weit hinter dem meinen, bei sich aufnahm. Ich hatte die schlecht verschlossene Tür überwältigt und mich zu einer Karaffe mit sehr kaltem Rotwein gesetzt. «Wer die Frau verloren hat, ist leichter als Zigarettenpapier...» Und der Wirt, der nicht mehr Wirt sein wollte, entschuldigte sich und schwenkte eines jener blauen Päckchen zum Drehen, das auf Schmuggelwegen in das Grenzdorf gekommen war. Ich war ein Unwissender, und ich gehe auf eine Unkenntnis zu. Wußte ich, was das ist: du und ich. Weiß ich es heute? Mein Freund erwidert: «Ich kann nichts mehr sehen, und was mir am meisten weh tut: Ich habe den Ton ihrer Stimme verloren.»

Ich werde, ja, ich will zu dem Niemandsland gehen.

Der Tod ist wirklich ein Atem, eine Bewegung, eine Geste, eine Stimmung, ein unsichtbar Sichtbares. «Er ruhe in Frieden!» das wendet sich, in der ganzen Verstörtheit, jeweils an das Herz eines Lebendigen. In dem unser Reisender ist.

Den Schein verdoppelnd, ist der Traum der einzige Faden jener anderen Wirklichkeit. Der Abgestorbene ist tiefer, aktiver entschlafen als wir; er seinerseits erblickt uns in unseren Wohnstätten aller Tage, und er sucht uns auf in unserem Schlaf. Doch wenn man eines Tages einen großen weißen Fleck sieht, ist es ein Zeichen, daß man sich mit ihm vereinen wird.

«Ich bin ein Asiat geworden.» M. R. schwärzt sein Lächeln flüchtig. «Das Alter gibt Distanz zum Alltag. Meine Kinder bleiben hinter dem zurück, was mir widerfährt.» Aufgefallen ist mir, daß sogar in ihrer Mitte er sein Mahl als Einzelgänger einnahm und sich entfernte, sobald der Tag zur Neige war. Um Musik zu hören... «Ich bin meinem eigenen Wirken ein Fremdling geworden, mir selber.» Er überlegte und brummte etwas von einem Opfer, das uns übersteigt, uns Männer im Paar mit den Frauen; von einem Ungenügen, das auch er, der ach so Weise, verspüre. «Nimm die weibliche Hingabe, eine Aufopferung, an der entscheidet sich unser Geschick. Nun aber tausche ich die Dinge der vertrauten Wirklichkeit an eine Vertrautheit mit der Nacht.»

Ah! Adieu! Adieu...! und ein Gruß jenen, die nach Abenteuer verlangt. Von hier geht der Sprung ab zu den Schattentiefen. Im gleichen, solange unsere Wahrheit lebt, wenn einer wacht: das seltsame Wiedersehen mit den Freunden, die am Ufer blieben. Bis sie ihrerseits sich aufmachen werden. Wie es geschrieben steht: «Liebet einander.»

Das tausendste Porträt

Einer geht, für immer; sein Zimmer erstarrt. Wie wagte man, ein Ding von seinem Platz zu nehmen. Auf dem Tisch warten Briefe, auf dem einen trocknet der Beginn einer Antwort und fragt mich aus; Briefe auf ihren Namen, wissen Sie, bekomme ich jeden Monat. Verlorengegangene Freunde geben ganz harmlos Laut, Unbekannte erkundigen sich. Da sind auch Blumensträuße (das Pfriemgras vom Pfynwald, jahrelang zaust ihm das Haar…), der Mantel, die Stiefel, eine Reisetasche, das rotseidene Halstuch. Aus einem Haus, in ein Haus ziehn: gleichermaßen verurteilt, tappen Vergangenheit und Zukunft. Da sind die Hefte, die Tinte und ihr Goût der Zeit, die Bleistifte, eine Schere, das Werkkörbchen, Bücher, über die wir redeten. Der Fotoapparat ist da. Als wär ich's – ich trete zurück. Alles, was diesen Strand ausstaffiert, der große Lüster, die langen, schweren Samtvorhänge, die Bilder des Vaters, die spitzen Nippsachen auf den Bücherbrettern, ich weiß nicht, ob sie staunen oder sich nur gedulden.

Sie regeln den Verkehr. Eine Unmenge an Wirken, Atem, Schnauf gräbt sich in die Wände.

Eine vernagelte Flegelei, diesem Alltag Knall auf Fall zu erklären: Verzieh dich, hau ab, unser Bulldozer-Leben rückt vor. Doch man kann in die Falle gehn.

– Sie könnten zur Salzsäule werden, warnte mich eine Freundin.

– Im Moment fließen die Tränen noch, gab ich zur Antwort.

Ob sie sich entfernen, ob sie sich einrichten, ich weiß, daß die Dinge *hinübergehen müssen*.

Zwei Bauern, Bruder und Schwester, begleitete ich auf die Voralp. Versunkene Grenzmarken mußten wir suchen und kontrollieren. Bei ihrer Hütte hielt ich. Halme raschelten, ein Vogel streifte den Hut, sie trugen Werkzeuge aus dem Keller, eine Hacke und diese «Wässerplatte», die man in die Leiten schlägt, um die Matten zu wässern; ich sah ein *Aichuchhibji* für die Nidel, die buttern soll, und ein Windhauch streifte die Tür. «Sie sind da», sagten mir die beiden. Sie sagten mir nicht, sie könnten sie sehen, Vater und Mutter, die sie fünfundzwanzig Jahre zuvor verlassen hatten. Ich hatte ein seltsames Gefühl, wie wenn ein Hund eine Fährte wittert, «Spur» aufnimmt, und der Hase ist schon da. Durch sie oder für sie ist die Entschwundene heraufgekommen. Es gibt auch Bauern mit Leben wie der Poet, den man Reverdy nannte in seinem verschlossenen Werk, das so dunkel erscheinen mag. Folget dem Schatten! In einem Gedicht notierte er: «Da ist es» ... und dann, auf einmal: «die andere Seite». Das Erlebte bleibt lebendig, oder besser: geht weiter. Wir nehmen es wahr. Ich trete in mein neues und altes Heim. Im letzten würde ich auch sagen:

«Der Blumenstrauß auf dem Tisch da ist meine Tante Marie.»

Ich bin dem Vergangenen so verhaftet, daß ich selbst ein Paar Handschuhe, die vergilben und löchern, ungern an neue gäbe, und ich war in Verzweiflung, als ich eine getäfelte Kammer, die mir lieb war, geweißt und gefirnißt wiederfand.

Verletzung gleich Aufschein von Drüben.

Ich rühre also an nichts. Nun aber merke ich, wie sich die Bilder und die Bilderflut auf uns verhärten; wie sie nach einer gewissen Zeit das Vergessen in uns drin beschleunigen. Denn mein eigenes Denken ist es, das die Stirn wieder erfinden muß, die Augen, den Umriß der Wangen, die Stimme wieder hören, den Faden einer Bewegung wieder aufnehmen. Tag für Tag um die gleiche Stunde hängt sich mein Gedächtnis an ihren Schatten. Man verliert die exakten Züge. Was man bewahrt, ist eher eine Empfindung, man sucht den andern in sich selbst, wie wenn man Glut schürte. Was der andere aber war, sein Odem, sucht uns auf bei dieser Anstrengung, oder auch so. Mit Vehemenz hingegen offenbarte sich mir diese Abwesenheit in den unvollendeten, doch fast ausgeschriebenen Manuskripten, öfters mit Varianten, und ich muß auf ihnen gehen wie ich aufs Feld gehe (wenn ich will, daß sie erscheinen, Bücher werden). Manche Texte erregen mich, machen mir Angst. Ich bin einberufen. Früher antwortete ich schon einmal schleppend auf solche Einladungen der Autorin in Fleisch und Blut. Nun da Fleisch und Blut im Text sind, setz ich mich dahinter, und ich verstehe diese Bauern, die sich vom Schwanken des Grases überwältigen lassen, vom Lippenschnalzen einer Wasserleite, oder wenn sie, die Sense zu schärfen, einen Wetzstein aus der Büchse ziehn. Die Welt ist von Existenz getränkt, die Arbeit hat überall gesprochen; denkt nur nicht, dieses Haus, jenes

Zimmer oder der Garten dort seien unbewohnt. Die Seele ist da, es ist wie ein Wasser.

Und in diesem Wasser rufe ich mir die Hände wieder ins Gedächtnis, ihre sehr schönen Finger, eher lang, leicht zugespitzt, eine Jungfräulichkeit drin und viel Geschick; ihre so ausgewogene Handfläche: aber die Lebenslinie unterbrochen (und ich ließ mich nicht aus der Ruhe bringen!); die Hand konnte sich zurückbilden zur Katzenpfote, fast ohne Gelenk; wie ein Stück Holz trat der Arm hervor, was mich immer lachen machte; man hätte meinen können, von einer romanischen Statue oder von einem gedrungenen Kind; und ich schlürfte die Intelligenz, die naive Brutalität, die Finesse, ich lachte auch ob der Schuppenrötungen, die auf dem Rücken aufschienen. Ah, aristokratisch auf der einen Seite oder wie zur Musik bestimmt, ihre Hände, auf amüsante Art bäurisch auf der andern Seite. Für jede Arbeit, der ein Geheimnis innewohnt: perfekt. Das Handgelenk, so stark, daß es abwesend war, gebaut für einen Armreif aus dem Schmuck königlicher Reiterei.

Mit diesen Händen gehn so viele andere Körperteile: die Knie, die ihr Vater bewunderte, rund und glatt; der Bauch, jener der Madonnen und von Venus, edel geschwungen, der See der Hüften, eine rechte Gußform für Kinder, laut dem Doktor der Familie. Die Beine, wie die Handgelenke, an den Knöcheln schwer werdend, doch dann die Säulen, Schenkel einer Schwimmerin; der ruhige Aufschwung des Leibes nach oben, mit einer Verwundbarkeit, der Rumpf eher schwach, denn sie war an den Lungen verletzt worden. Eine Würde erhellte sie ebenso, wie sich in ihre Gewänder Fantasie einnistete. Ihr Gesicht, ich sehe, es erträumt die Welt. Die Ausgeglichenheit verschweigt das Mysterium. Von der Beobachtung zurückgenommen: die Emotion. Wie starrköpfig diese Stirn, nirgends fliehend, gerade, von der Willenskraft geschürzt. Sanft gebläht die Wangen, drin sich bald Behutsamkeit zeigt und bald die unvoreingenommene Güte; der Mund zwischen Herz und Vogelflügel, zart und frank; sehr aufmerksam die Nase, mit ihrer adlerhaften Unregelmäßigkeit, so elegant beim Vater; gehauen das Kinn. Dieses Gesicht war gebaut für ein Innenleben, das äußeres Leben erntet.

Am heikelsten zu beschreiben die Stimme und die Augen.

Die Augen? Grau drin und Blau, oft dachte ich an Morgendunst. Das Blau ging ins Grau in Augenblicken der Spannung, der Wachsamkeit, oder wenn Gram sich drin verfestigte; das Grau ging ins Blau, in Verwunderung, Lust oder Lachen. Viel Majestät, viel Kindlichkeit bezeugten diese Augen. Und die Stimme. Die Hu-hu-Rufe von einem Zimmer zum andern sind mir nicht aus dem Sinn; um rühre ich in mir den Singsang eines Märchens für eines unserer Kinder, oder eines unserer Tiere; oder es klangen so rein die Worte, wenn sie einen ihrer Texte las, um dessen Harmonie zu prüfen, die Genauigkeit; in dem ihr eigenen Ernst wurden die Worte ganz leicht. Ich folgte ihr oder sie folgte mir via Häuser und Schreibstile; im Ohr hab ich hie und da die Auflehnung, dann wieder die Ermattung, das Murmeln einer Quelle, die Adieu sagt.

Von jenseits aller Sinne schrieb sich eine Heftigkeit in ihre Züge, und in den letzten Jahren tönten unsere Worte ein wenig laut, denn ihre Ohren bebten umsonst: im Traum war's, daß sie die Vögel hörte.

Auf dieses alles drauf muß ich die Haare werfen.

Die bräunende Blondheit habe ich noch gekannt. Dieses Haar schwankte zwischen Flügel und Woge. Zwischen Fließen und Nonnen- oder Bubikopf. Ja doch, in zwei Augenblicken des Exils. Wallend bewunderte ich es, entwurzelt habe ich es berührt. Ein Rest Schönheit mußte geschnitten werden, zurückgelegt in ein paar Strähnen auf Posten: der ganze Schädel blutete. Eine unbekannte Krankheit. Der Arzt, verschanzt in seiner Klinik, sagte: «Flechten». Dann: «Es ist die Intellektualität». Eine nervöse Kümmernis, sehr wohl, bei der die irdische Liebe und das irdische Schreiben auf dem Spiel stehn. Der ganze Kopf blutete unaufhaltsam, über Jahre.

Das Charakteristische dieses Gesichts liegt in einer andauernden Agonie bei fortwährender kindlicher Freude. Wie den Knoten lösen? Mit ihrer Spontaneität gegenüber Leben und Tod; das Phantastische ist zupackend. Was ihr erlaubte, die Träume da zu pflücken, wo sie standen.

– Und wie der Blick auf die andern?

– Der schöpferische Instinkt mit jener Unterwerfung, die emporhebt, was sie liebt.

Da kann ich lieben wen immer auf der Welt, dieses Gesicht trage ich in mir.

Ich lasse alles liegen, habe ich beschlossen. Die Dinge werden aus Versehn verschwinden. Ich füge mich einer Magie des Verlusts. Wieder wird die Kraft vom Feuer kommen. Ich denke an jenen Heiligen, der die Liebesbriefe einer Heiligen verbrannte, als diese ihm im Himmel erschien. Welch eine Antwort! Allein das Gebet erlaubt das Löschen der Zeichen, wenn auch man manchmal Zeichen braucht um zu beten.

Der Akt des Sehens, die Tat des Glaubens verbergen sich in der Zeit wie der Regen in der Luft.

Was der andere ist, muß mich unmerklich durchdringen. Im Tod ihn suchen, was heißt das? Wenn nicht, besser werden in dieser Welt, einer Bewegung der Entschwundenen gehorchen, die, indem sie erlöschen, sich in uns bergen. Ihr Leben fängt eine neue Bahn an mit dem, was wir ihnen an Gebet zugestehen. Wäre ich arm genug, rein genug, hielte ich wie die Priester meine fleischlichen Gelüste im Zaum (nicht aus Moral, für den Gral sind sie keusch), ich möchte ihnen sehr wohl begegnen, den Entschwundenen. Man muß von hier und von da unten sein, im gleichen. Ich spüre diese Kräfte beide in mir. Ein junger Dichter konnte sie vereinen: Als er seine kleine Geliebte verlor, machte er sich gleich auf zu ihr hin. Aber wie? Selbst dem Jünglingsalter kaum entwachsen, setzte er seine Studien fort, seine Wissenschaft, ergriff einen Beruf, dichtete einen sehr schönen Sang, ich möchte gerne sagen: schrieb einen einzigen Vers, unauslotbar, verlobte sich mit einer neuen Dame; dann ging das Blut aus seinem Leib. Dies ist das Geheimnis jeglicher Schöpfung. Wirf deine Opfergabe an die Nacht, heller als der Tag!

Aber auch Reüssieren in der kleinen Stadt war gefragt. Dem hat er sich unterworfen.

Wir begreifen nicht, was wir sind; nicht woher wir kommen, noch wohin wir gehen. Ich habe immer das Gefühl, wir schafften mit unserem Leben ein anderes.

Daß wir, C und ich, das Bett teilten, zum ersten Mal, war in einem sehr hoch über der Rhone gelegenen Dorf, erstiegen in einem Marsch von einem Tag. Ich sehe es wieder, das Holzhaus, schöner als ein Turm, ich koste den Geschmack von Arve, von Lärche, das Streifen, die Schreie der Nußhäher, die das Dach mit den malvengrauen Bohlen überflogen. April, närrisch wurden im Wald die Birkhühner an ihrem unablässigen Girren, Laute wie von einer Quelle, entfernt und nah in einem. Allenthalben schmolzen die Schneetücher, rostige Lärchennadeln kleideten die Schneelöcher aus. Den Geruch des Mooses könnte ich auferstehen lassen und den Bläser von einem Wind, der die Aufregung der Birkhühner herüberbrachte. Ich erinnere mich, daß wir am anderen Tag eines davon gegessen haben – geschossen hatte ich es unter einer hohen, alleinstehenden Lärche, angeschlichen hatte ich mich, auf dem Bauch! wenn der Gesang erlosch, und von unter dem Baum hatte ich es von hoch dort oben heruntergeholt, von der Baumspitze, der grauen Knospe, in der die rurrru-rruu, uurr-urrr segelten.

Zum Haus zurück patschte ich, im Schnee und im Himmel. Welch ein Weiß, was für ein Blau; die leckten sich, und ich lachte! Der Frühling auf den Hängen war eröffnet. Mein Gewehr entladen im Sack. Ich war naiv, ein rechter Besitzer, glaubend und rechnend, voll Selbstsucht und voller Gewißheiten.

Nun sehe ich sie wieder in der Kammer im oberen Stock, und sie zeigt mir an der Wand ein paar Bildchen von ihr, Kopien von Motiven aus der bäuerlichen Bilderwelt.

Wir waren ans Bett gelehnt.

Sagten zwei Dinge über die Liebe.

Bei dieser Gelegenheit habe ich meinen Glauben versteckt, so als sparte ich mir meine Freiheit auf.

Einen schönen Kosenamen aus der Mundart ihrer Mutter hervorkramend, der ein kleines Kind meint (und mir gefiel, ihr diesen Namen zu geben) sagte sie mir: «Lieben kann *la beliote*, das Lämmchen, deine Kleine, nur unbedingt.» Und ich sah ihre Tränen, «das süße Harz der Tage», nach dem Wort von einem, der, kein Zweifel, ein Glück beweinte.

Wohlan, sehr gut, ich bin dabei geblieben.

Oft wird erzählt, daß ein Gefährte dem anderen sagt: «Der erste, der stirbt, wird dem, der bleibt, Nachricht geben.»

Die Nachricht ist in mir, datiert vom ersten Tag unserer Liebe. Unbegreifbar. Und ein Wille wird geschehen, der mich übersteigt. Ein Stelldichein wurde gegeben, es entspricht jenem ersten Halt im hochgelegenen Dorf des Auerhahns.

Ich bin Herr über kein Ereignis.

Ich wache. Siebzig Jahre.

Und versuche, den jungen Dichter zu verstehn (ganz groß, ein weltlicher Christus, und er liebte den Herrn); er ist gegangen; ich versuche zu begreifen, wie er es gemacht hat.

Die Auferstehung des Fleisches

Man müßte Gott schreiben, wenn es ihn gibt.

Unser Leib verlangt nach etwas Vollendetem. Unser Leib, das ist die Seele selber. Trennt die beiden nicht, ansonsten Verzweiflung sie wieder vereinen muß. Ein Giftgran jedoch (ein Auflösungs-Wurm), abgelegt vom Allmächtigen, läuft in jedem von uns um und beginnt sein Werk: untergraben. Das beste, was man hier tun kann: den kleinen Freuden frönen. Das Wasser, die Olive, das Wort, der Himmel, der Schatten. Das Giftgran aber geht bis ins Herz.

Und in seiner dunklen Klarheit ist das Paar das Ziel.

Fehler zwischen Eheleuten sind verhängnisvoller als die Fehler der Liebenden.

Weil die Eintracht, die entsteht, sich auf die ganze Schöpfung richtet. Wir führen diese fort und wir nehmen sie an ihrem Ursprung wieder auf. Das Ziel ist eine Große Vereinigung.

Ja, ich glaube an meine Hälfte des Apfels, oder des Sterns, wenn Sie wollen, an mein anderes Ich. Gemäß dem Christ und nach den ältesten Fragestellern. Doch begibt sich ein solches Abenteuer, vermögen weder Finsternis noch Durchsicht dieses Sehnen zu stillen. Mein Übel wird dein Gut sein. Jeder tötet, was er liebt. Ihr kleinen Freuden, Halleluja für euch!

Und die Requiems für uns. Die Liebenden suchen die Einsamkeit und schreiben: Ihr werdet morgen unsere Leichen in der Kammer finden. Oder unter der Brücke.

Bei Ehegatten ist das durchtriebener. Waffenstillstand!
… Nebel. Man flieht in Krankheit, man steuert im
Dämmer. Die große Abwesenheit träufelt aus den Bet-
ten wie der Sprit aus dem Brennhafen.

Der geht, jene wartet. Die vorbestimmten Leiber sind
der Weg des einen zum andern, mit dem Schweigen am
Ende. Der Tod, der aufsteht, umreißt den Leib für den,
der dableibt.

– Was willst du? fragt der Stellvertreter.

Und der Tod fährt fort:

– Ich bin die Substanz der Dinge, die zu erhoffen
sind.

Wie der Glaube! Mäht nieder, unerwartet.

Unsere unzähmbaren Sonntage werden absolut.
Welch ein Atem, was für Erinnerungen! Sogar die Gebete kommen ins Stammeln. Das Giftgran hält ein, wo
es gerade ist, in irgendeinem Organ. Erreicht kein anderes mehr. Gibt es ein anderes? Nacht rührt in unseren
Eingeweiden.

Der Geist beginnt zu suchen, dieses Gesicht, diese
Gesten, diese Beine; die Reinheit, die ihm leben half. Als
hätte ich getrunken: Endlich sehe ich den Leib in der
Seele. Und die Welt, zertreten ohne Unterlaß, verraten
stets, erscheint mir als Gegenwart Gottes.

Dreikönigsfest der Blumen hinter dem Fenster im Winter. Die Abgestorbenen sind hier, sage ich mir. Wie Seifenblasen steigen sie auf in den Zimmern. Bald werde
ich eine von ihnen sein.

Im Schnee kreuzte ich ein paar Vögelchen. Tik tssrritt

… Ein sägender Laut, und der Ast schnellt hoch. Die scheinen aus Adams Zeiten zu kommen, vor dem Sündenfall. Ich schaue ihnen zu, rede mit ihnen: «Meine eigenen Sünden werden mich retten, denn ein Geschöpf hat zu mir gesagt: *Ich bin dich*.» Das Paradies wird sich wieder auftun. Ich flehe zu den Heiligen.

Geboren wird man in Wahrheit allein durch das Böse, das man jemandem auferlegt, der uns davon losspricht.

Glauben mußt du! Hab keine Gewissensbisse! Die Perfekten haben keine Liebesgeschichte. Sie kennen nicht Vergebung noch Austausch. Ein Glück, daß wir dem Schatten versprochen sind; er ist verwegener als unsere Sinne; im Zimmer versteckt, in unseren Betten, die wir auseinandergerückt haben. Ich rede zu jenem Schatten, den ich für immer geliebt habe, anders gar nicht kann. Wir gehen auf eine zweite Geburt hin, nicht wahr? Wir werden ihn noch einmal besuchen, diesen Planeten, im leichten, schweifenden Trab der Inkognito-Seelen.

– Es war das Paradies auf Erden…

– Erinnerst du dich, wie du mir begegnet bist?

O diese künftigen neuen Leiber!

Hoffen, hofft! kleine schwarze Marionetten: Es gab zwei Geschöpfe, das eine dem Leben ergeben, das andere der gänzlichen Nacht, und sie verstehen einander vollkommen.

Das absurde Glück

Ich glaube, weil es absurd ist

O Meister, erklär mir!

– Ich habe sie vollkommen erschaffen, doch mit einem Fehl, auf daß sie sich an dich binde.

– Und mir?

– Dir hab ich einen Fehler mitgegeben, damit du sie leiden machst.

– Aber warum?

– Sie soll dir eine neue Seele schaffen, und eine neue auch sich selber, die ihr euch nicht vorstellt.

– Aber wie?

– Das Leid des einen vom andern, des einen für den andern wird, wenn ihr erst verstehen werdet, was ihr seid, ins Unendliche vermehren.

– Noch einmal, aber wie?

– Durch eure Antwort an euch selbst. Indem ihr das Leid dieses Abenteuers übersteht, werdet ihr einer der andere. Daß der eine es wünscht, genügt: Schon werden die Leben ausgewechselt.

– Doch werden wir sterben?

– Das ist eure Opfergabe.

– Meister, du bist der Teufel. Die Fehler, die du in uns auftust, machen die Hölle auf.

– Du erträgst die Feuerprobe. Ich bin ein Künstler, wie du.

– Was hat der Künstler zu erwarten?

– Die Freiheit ängstigt dich nicht? Alles. Und so wird denn in der Ewigkeit keine Frucht fade sein.

Warum sich Petrus betrunken hat?

Judas und Petrus mischen die Karten.
– Du bist dran!
– Heb auf!

Es ist ein Freudenschrei, der ist ein Schmerzenslaut, und läuft, und läuft, von der Geburt bis zum Tod.

Das Gute und das Böse gibt es nur als eines durch das andere.

Unser Tun und Lassen ist nichts als Fehler und Trug; von da die unberechenbare Verkettung grotesker Abenteuer und zum Schluß so etwas wie Abwesenheit.

Daß ein Saatkorn aufginge, wagte ich nicht zu sagen. Da ist nichts.

Dies Nichts wäre die Freiheit.

Denn ich trage in mir ein phantastisches Land, darin alles lebt: Quellen, Tiere, Früchte, der Wind ist glücklich; die Sprache der Vögel ist ein Wort aus der unseren; das Herz gehört der ganzen Welt; die sich geliebt haben, sind für immer vereint. Es beten die schwärzesten Berge. Auch ich bin alles: der winzige Kohlweißling, der einem Regentropfen gleicht und auf die weißen Rüben klatscht (und den ich auf 4000 Metern ertappt habe, hoch über seinem Gemüsegarten, schwankend erregt im letzten blauen Schimmer).

Ein Schmetterling...
Vom Kohlkopf auf den weißen Gipfel!

Halt, wär das nicht mein Lauf?

Wörtlich, seit ich aus meiner Mutter gekommen bin. Unversehens stieß ich in das Tränental vor, wo sie anschwellen, vor sich herschieben ihre Goldklumpen, alle die kleinen Flüsse des Schweigens, die durch den heimatlichen Ort gehen.

Was aber, wenn das eingestandene, das unentrinnbare Unglück das Entgelt wäre, der Preis des Erwachens? Mit den begangenen Missetaten müssen wir ganz hinab stürzen, damit die künftige Seele aufsteige.

Denn wir haben unsere Identität verloren. Und haben verraten die anderen Wir-selbst, denen wir im Leben begegnet sind.

Je stärker einer liebt – desto mehr stirbt er durch uns. Plötzlich sieht man, klein und unerreichbar, das Königreich wieder. Indes ein Fremder uns verhört, ein anderer Wir-selbst. Und mit ungekanntem Scharfsinn nehmen wir den Faden der Verhandlung wieder auf.

So denn ersteht die Welt zum tausendsten Male. Der sich hinter dem Pseudonym Gott verbirgt, spielt; überall ist er, vor, nach, in mir, in einem jeden.

– Deine Träume sind Personen, sagte ich. Sie leiden.

– Damit der Hahn krähe, will ich einen kleinen Akt der Verzweiflung.

– Unser Leib dient dir als Schatten, gab ich zurück.

Ich rief C und meine Eltern.

Wäre wirklich das Nichts, mein Denken höbe sich auf.

Ich war niedergekniet.

Spähte zu dem blauen Auge einer Kapelle.

Was ist, was ist da?

Ein kleines Kind rennt, so schnell es vermag, die Straße hinunter: Ich habe mich geirrt, geirrt, geirrt, doch ich bin im Himmel angekommen.

Eingeschrieben bin ich
in das Buch
der Leidenschaft

Die ihr die Leidenschaft von der Wahrheit nicht trennen könnt, ihr zwei werdet mir zeigen, wie der Mensch ewig wird.

Der Hahn hat gekräht. Petrus will ich folgen, ich folge Thomas. Hinter der Pinte, dem Wachtposten, ihm folgen in jenes Gäßchen, wo er, der Chef, ins Schwanken kam. Sein Gebrüll, dann Kopf voran: der Weg des Gewissens. Und er sollte dann ja auch kopfunten gekreuzigt werden. Wie er habe ich mich übergeben, und möchte ich denn nicht enden wie er? Der Schmerzensweg verliert sich im Nebel.

Ich gehe hinter dem andern, hole ihn ein. Er, für den der Leib ein Lockvogel war, denn er liebte den Herrn. «Dann also, durchsucht mich...» Thomas war der erste, der sagte: Gott! Ich meinerseits will nicht hinübergehn in die andere Welt, ohne die Seele zu berühren, die mir vorausging.

Adieu ich! Adieu ihr!

Die Tränen. Der Weg, auf dem alles Fleisch zurückgegeben wird. Hand in Hand, auf dem Herzen selbst.

Danke

*T*ag da der Tod
    mir ein Hörnchen spendiert
zur Kommunion
    mit allem was ich glaube

Nacht da die Frucht wächst, die Traube
    Vogelbeere oder Absinth
Auf daß in mir gerinnt
    der Schrei von ihr, die ging

Unter der Tür durch
    kommt die Seele im Hotel auf Erden
Ich lese im Bett
    Was immer der Wind erfindt

Was dann der Mond bestimmt
    wenn's aufgeht:
Ruhe! In uns ein Meer, das sie erfand
    darin sich das Wallis entband

Zweiter Dank

Freund Hein
Schaut herein

Es pocht an die Tür
Ich komme herfür

Drei Mal gewitzt
Dann ist es geritzt

– Dieses Jahr?
– Heute morgen!

– Es ist für...?
– Die Gattin ist da.

– Du bist die gleiche geblieben?
– Mach die Augen zu!

Die Leere

*D*as Leben in Blau?
Schwarzes Verlangen!
Sie hatte ihn zuerst geliebt.
Er war ein scheuer Knabe
Nein wollte er sagen.
Denn seiner Mutter glich sie nicht.
Esel von einem Bauern, der er war!
Im kleinen Dorf seiner Phantastereien
sollte so eine Schönheit nicht noch einmal vorbei-
    kommen.
   – Du wirst mich einen Sommer lieben?
   – Nein, immer, antwortete er.
Er schwor vor Gott.
Sie taten sich zusammen.
Doch ins blinde Verständnis sickerte
ein Leeres und zerfraß den Leib.
Im Gleichen zwang es die beiden
die Welt neu zu erfinden.
Der Junge aber war es, der sie leiden ließ
Denn sie hatte sich zuerst gegeben.
Und Vater und Mutter, und Mutter und Tochter, und
    Mutter und Vater,
und Mutter und Mutter und Mutter . . .
Sie gingen und gingen, hatten viele Häuser, hatten
    Kinder, Bücher.
Eins wie das andere
errieten sie das dem einen Unabdingbare im anderen
Doch unterwegs erschrak er ob dem großen Loch

durch das die Leiber entweichen.
Er wollte ein Stück von ihr werden.
Wer du auch bist: Berühre sie!
Fortgetragen wurde sie in der Unrast,
zu versteinern das Leere, die Welt
und eines Tages verschwand sie, um im Tode
niederzukommen mit ihm.
Wie Christus hat sie ihr Grab verloren.
Nichts gibt es außer ihr.
Nicht ihre Mutter, seltsam,
ihre Verwandten nicht, nicht Freunde,
Freundinnen, lebend oder tot.
Das Leere, das Leben
in Blau.
Das schwarze Verlangen.
Das Leere hat einen Sprung.
«Ich bin nur eine Prise Schattenmehl, sagt es,
    ein Nonsens,
doch wird sich alles erhellen.»
Eine Begegnung genügt.
Zwei Wolken im Wald
gehn eine auf die andere zu.
Und er spürte, daß sein Herz voll wurde
von der Entschwundenen, und daß er zu ihr fand.
Und daß ein neues Wesen da entstehe.

Das wird sie beide sein.

Den Menschen gegenüber

Quer durch die Furcht ging mir im Innenraum der Tannen das Lachen des schwarzen Spechtes, kehliges Trommeln, höllisch, und dieser rote Streifen, zerzaust über dem Auge, dem wackelnden Nagel.

Die wilden Stöße eines Stieres, eingekeilt in seinen Stall, an dem wir vorbeistrichen, ein klopfendes Röcheln, das die Bretter sengte, lief mit in ihrer Weiblichkeit, auch wenn der Regenbogen über sie hinwegschritt.

Abdrift, seit Schwarzspecht und Stier.

Zwei Mal sind wir der Angst begegnet.

Ich habe mich meinem Vater entgegengestemmt, soviel ich konnte. Soll ich von der Impotenz Liebender reden?

Ich sehe uns jetzt wie Adam und Eva, die zu Adam und Eva zurückkehren mit der Macht, alles zu fühlen.

Himmel

Ho-hooo!

Von der äußeren, von der inneren Tundra zu mir!

Komm, Tisch, darauf ich schreibe; ihr weißen Blätter, alle ihr inneren und äußeren Schreibtische, zu mir!

Vom Schatten zerfressen, kaum wirklich wir selber unsere flüchtigen Erscheinungen. Zwischen Inseln von Sonne, Nacht. Wo Verzweiflung plötzlich unsere einzige Chance ist. Ein Teufel verfaßt das Tagblatt. Zerbrochenes Glück, noch und noch, unverstanden, zerstampft die kleinen göttlichen Freuden. Doch eine Trunkenheit gibt es, die richtet uns wieder auf. Der blaue Himmel streicht unablässig über den oberen Rand der Gletscherspalte, die wir den einen Tag hinaufzwängen, den andern hinabgleiten.

Den Himmel, wir atmen, erhaschen ihn, mit der Nase, dem Traum.

Plaff!

– ...Wir sind am Grund des Gletschers.

– Du selbst ein Gletscher!

Es empfangen mich die Verdammten. Sie machen dem Leben die Honneurs, als wär es ein Hotel.

Diese Erde, dieses Erdenleben...

Mit dem Anblick der blauen Hostie. Die es erfahren haben, die Poeten, diese Touristen, haben mich nicht belogen: eine Reise an Ort, endlos und kurz! Elend! Haarbreit an der Erfüllung vorbei.

Wir haben nie gelebt. Nun raff deinen Himmelsdunst

zusammen, der hinter dem Sarg einherschwankt. Ho-
hooo!

Wer mich liebt, folge mir nach! Unterschrift: die
Wespen am Grund der Flasche.

Wer steigt aus der Gletscherspalte?

Dieses ahne ich: Wer ein vollendetes Leben gehabt
hätte, in dem wäre nicht die Anmaßung, wär keine Be-
gier nach Ewigkeit. Wir leben die Vermengung mit dem
Bösen. Eine Art Todesaustausch unter den Menschen:
wer am stärksten liebt, geht durch den gerade zugrunde,
der geliebt wird. So ist das Gesetz der Eintagsfliegen.
Nun aber weist mir jemand folgenden Ausgang: wenn
er diese wiedererkennt, wird er zur Seele, die er verloren hat auf Erden. Und die ihn errettete.

Häuser, Frauen? Messiasse, gekreuzigt in den Häusern!

Die Vollendung in der Unvollkommenheit

Dies einmal abgezogen – wieviel Geschmack in einer Feldflasche mit kaltem Minzentee oder in einem heißen Kaffee!

Die unsichtbare Welt, für uns ist sie in der sichtbaren noch, für den Augenblick.

Ich habe ein Menschenwesen gekannt, das sprühte so ungebrochen Schönheit, so lebhaft, daß es seine eigene Versehrtheit wurde. Es reichte, daß ein blind Vorübergehender sie berührte, und jegliche Freude konnte sich in Schmerz auflösen. Durch Vergeben im Spiel zählte ihre Makellosigkeit nicht. Aber die Tiere, die Kinder und jene, die irgendwie vom Wahn gerüttelt waren, irrten sich nie: Heftig oder furchtsam, scheu und wild, die einen wie die anderen ergaben sich ihr. C durchschaute sie mit einem sehr verwandten Blick, ohne die übliche Naivität, mit der Naivität der Wunderwelt, und ohne zu richten. Durchblick auf das Böse, dessen ungeheuerliche Unabwendbarkeit; Sünde gab es und es gab sie nicht mehr. Ich dachte bei diesem Blick oft an jenen, den Eva im Paradies hatte. Findet deren Blick wieder, und kein Tier wird vor euch fliehen. Einsiedler beim Beten, aber auch pirschende Jäger machen diese Erfahrung oft.

Das ist, warum die minderen Erfahrungen meines Lebens eingegangen sind. Ich hatte an der Heiligkeit der Schöpfung teil, eher als umgekehrt. An dem, was zu Anfang war. Von diesem ersten, dem Leben jener Frau des Anfangs, dem entsprang, was in uns an Schöpferischem brach lag, bin ich berufen worden, da ich schreibe.

Sei da auch nichts, und ob das Nichts mir lauere, und ob es eine andere Welt gibt – eine Lobeserhebung wirkt in mir.

Eine Frage, die keine Antwort zuläßt, wirft mich aus dem Stand. Die menschliche Schwäche, was ist das?

Es taucht mir die Erinnerung auf an einen Priester. Das maskierte Gesicht der gelebten Heiligkeit wandte sich dem zu; demütigst im Glauben verharrend, gab er sich den Tod. Die äußerste Prüfung des Glaubenden.

Nun, zu zwei Malen bekam ich, ohne daß ich verstanden hätte, diese zu sehen.

Was für eine Welt!

Welch ein Geschenk des geheimnisvollen Gottes, der da ist im Leib, im Namen und im Schatten. Drei Erscheinungsformen, die bei jedem Wind hier erschüttert werden. Flüchtige Unterschriften . . .

Heraus tropft eine Vollkommenheit, gar gebrechlich, gar humpelnd und gar gefährlich, doch diese unvollkommene Vollkommenheit, die stelle ich über jene der Engel.

Und diese Welt hier ist es, die ich im Jenseits ansiedle, nur überarbeitet, endlich begriffen: Gesehn! Das heißt: Ge-se-hen! Der Tod ist das Revers des Menschen wie das Revers eines Gewandes. Kein Paradies, wo alles vergessen geht, sondern eines, in dem sich alles einfindet. Auf geht's, den Überzieher an! Zieht eure Leiden an. Die Seele verbirgt sich übrigens im Leib, der – ihr Geliebter ist.

– Du würdest es wiederleben, dein Leben?

– Hm, auf seinen eigenen Schritten flüchten!

Mit Freuden, ja selbst im Fegefeuer, schriebe ich mein Leben neu, könnte ich dem Glück standhalten.

Wenn ein Auge auferstünde, würde das genügen.

Genau da war es, daß jener, der Bruder Christus versucht hatte in der Leere, im Geröll, daß der an meinen Fensterläden rüttelte:

– *Chan i ünechoo?*

Diese Roßtäuscher haben dir immer ein Himmelreich anzupreisen. Hinten an meinem Haus stellt er seine Geige an, oder die Flöte, die den Verlust der Welt beklagt.

– Hör zu, weil du über das Jenseits *sbeeggulierscht*, und *will de hoffe duesch*, hab ich eine *ggliini* Offerte . . .

Gottfriedli! der tönt ja wie das Gesäusel vom Uhrmacher Matthias, den alle so gern hatten auf dem Platz von M. Doch mein Heimatort ist ins Nichts gefallen.

Der andere spricht es ganz deutlich aus:

Ich habe den Auftrag, dir diesen Tausch auf die Hand zu bieten: Tausend Jahre! Tausend Jahre Lebenslänglichkeit auf dieser Erde, jawoll! die Tage auskosten, alle Tage – oder morgen sterben. Was wählst du?

– *Chumm nu emol* (ich zittere). Komm wieder mit dem Sarg und den Kindern, damit ich sie anseh. Morgen früh breche ich auf in die namenlose Wüste.

Das ist leicht gesagt, meint ihr?

Wie sollte ich mich verführen lassen. Erstens zieht mich das Unbekannte an, zweitens, und wäre auch nur eine einzige gute Karte drin, verlockt mich das Spiel, alle möglichen Leben an das eine zu geben, in dem die Liebe sich kundtut.

Ein Leben ohne Tod, das totale Vergessen, schlug mir der alte Affe vor.

Ich leere die Tasse Schwarzen. Meine Blindheit macht sich ans Werk. Es bleibt mir, letzte Briefe zu schreiben an die Freunde, die ausharren auf dieser Seite, wo der Schatten wartet.

Die stumme Klaviatur

Was sind Bücher? Und was heißt, keine schreiben zu können.

Ein Mensch lehrte mich zu leben, schreiben lehrte mich niemand. Nein, schreiben konnte ich immer, vielleicht war ich ein stummes Tastenbrett (früher, mit meinen vierzehn Jahren, ganz schwarz), doch lernte die Welt, sich auf mir zu komponieren.

Nur gerade eine Fliege auf der Tastatur.

Dann unterrichtete ein Mensch mich, zog mich auf mit all seinen Freuden. Ohne es zu wissen, wuchs ich mit einem Geheimnis auf. In mir waren immer ein Schweigen, ein Irrtum und ein Glaube. Die Ehe ist auch so ein stummes Übungsklavier mit einer Million Tasten. Manchmal hört man eine kleine Musik erst im letzten Schatten. Jene, die wir in der Flanke unserer Häuser gelassen haben, befragt mich noch immer über die Liebe; wie die Freunde, die ich so verzweifelt sah und die mich aushorchten, weil sie nicht schreiben konnten: Sie hatten unsere Leere nicht, hatten nicht diesen offenen Bauch; ein Schnauf, der sich erhebt vom Adamsapfel bis ins Geschlecht, ist, was die Seiten eines Buches umdreht. Eine «Gabe», was ist das? Antwort ans Ueberleben?

Im Haus will ich heute, die streichende Zeit zu überluchsen, auslegen und aufreihen die tausend unnützen Dinge von dem Schatten, den der Tod noch nicht ganz zerknittert hat, mehr Launen als Zweck, die Schätze der C, die ihr allein gehorchten.

Ruhe! man dreht: der alte Leierkasten von einem Grammophon, Weisen aus der Pampa oder von der Wolga, flatternd ohne Unterlaß in einem Zimmer; Seidenvögel, Holzvögel, Glaspferdchen, Halsketten; winzige Saphire, getriebene Ringe, Ohrklunker in Jade, vermutlich mit einer Grabinschrift; Kirschen, die Opale waren, grüne Steine, Kristallfäden; all die verlorenen Perlen, denen das Auge im Traum nachhängt, sie neu zutage fördernd (und jenes Halsband aus Kristall, das wir in einem Bazar an der Grenze zurückließen); ho! Muscheln, Schnecken, Federn von Inseln, Disteln ab Pässen, Sandrosen, ihr Fische, in Schieferblätter gegraben, als statt der Rhone ein Meer war! Opaline, Glaskugeln mit euren Farbenregen oder Schneefällen, Schmetterlings-Fahnen-Sphinxgespenster; Wüstenblumen, über Jahre in einer wasserlosen Schale unmerklich verbleichend, ehe sie eingehn; Steine, nochmals Steine, die flüsterten in der Hand, unfaßbar, seidig, wie Geister, gefischt aus einem sehr weit entfernten Fluß; die Blumen: von meiner ersten Reise; die Steine: überbracht von einem Missionar; was immer sich ablagert, Fossil wird, und dann die Könige und Königinnen dieser Welt des Krachgebäcks, von der Natur so köstlich ausgeworfen; oder die Meninas, die sich vermehrten ohne Unterlaß, sie hätten die Polster eines Schloßes bevölkern können: die Puppen! Riesenpuppen und Miniaturen, Sonnen und Monde, Bäuerinnen in der Sonntagstracht, verschleierte Reisende, Gesichter von Sängerinnen, Tombola-Puppen, ab dem Schaubrett einer Schießbude die mächtigen Bräute in Weiß, dann die

Kassiererinnen, Tänzerinnen, drei Slawinnen, gewonnen auf unserer letzten Reise mit der Eisenbahn, bei einem Wettbewerb, man mußte Wörter der Landessprache wissen; schließlich, so absonderlich, entrückt, Lumpen und Büscheln entsprungen diese Mädchenkinder, ihr Ausdruck verloren zwischen Clownerie und Wahn, Fetische aus einem unterirdischen Schlupfwinkel, ausgelegt auf dem Kanapee, die mich erschauern ließen – mit ihren Gedecken, Möbelstücken, Schränken, Schlafzimmern, Küchen; ich erwähne nur die Suppenschüsseln, groß wie Haselnüsse: die Puppen hatten ihre eigenen Puppen.

Fehlten nur noch die schwarzen Madonnen, doch die eine oder andere zierte unsere Dachböden; und geerntet hatten wir die Jungfrauen der sieben Schmerzen, sieben Dolche, angebetet von unseren Eltern: Hinterglas in den Kämmerchen der Maiensäße.

Das ist's. Dazu die Glöcklein eines dreizehnten Stammes ausgerissener Geißen. Mein Wort als Wanderpriester! auf all dem Kiesel und Geriesel eines verlorenen Paradou spielte ihre Kindheit; die Arabesken ihrer künftigen Novellen sind das.

Ich meinerseits sage dem Schatten: Was weißt du davon? Warum dies ganze Spielzeug? Und der Schatten: Es war ihr Geschlecht, das sich regte.

Ihr letztes Gewand sehe ich nun, goldbestickt, ein Hauch von Zirkus, es paßte zu einer Trödelkette aus Amethyst: So denn wollte sie angezogen sein auf ihrer letzten Reise, mit ihrem großen weißen Schultertuch – doch eine fahle Bluse und irgendein dünner blauer

Rock wie von einem Dienstmädchen, noch so ein Kennzeichen für Gattinnen, hüllte sie vom Haus bis ins Spital; das zwang sich dann auf.

So reich es auch sei, ein Leben, jedes unserer Leben werweiß, antwortet einer Existenz, die nicht stattfand. Und die ist es, die uns träumt.

Wenn du den Preis dieser Welt nicht kennst, kannst du nicht ermessen, wie stark die Lust darauf war für dieses junge Mädchen, das mit seinen 20 Jahren erklärte: «Auf die Liebe will ich verzichten, um ein schönes Buch zu schreiben.»

Unsere Bücher

Der Traum ist der Weg.

Die Bücher... woher kommen sie?

Es ist alles die eine Lüge, sage ich mir und denke an mein Leben, oder aber der Weg geht weiter. Da sind denn noch sie drin verwickelt, die für jeden von uns zwei (C und ich) wichtiger waren sogar als das Ende unseres Lebens, die Tage, die uns durch die Finger, durch die Augen rinnen. Wo kommen sie her?

Vielleicht von einem Irgendwo, von einem Nirgendwo zwischen dem Schlaf, wenn man ganz gelassen und ohne es zu wissen am Werden der Welt arbeitet – und dem Erwachen, das über die Blätter braust.

Fernhalten den schwarzen Specht, den Stier des Geschlechts, dessen Abwesenheit nutzen. In unserem Leben läuft etwas ab, das sich selber träumt. Und unser Geist versucht eine Verbindung zwischen dem, was verloren ist, alle möglichen Leben, und dem, was eine jede Nacht verinnerlicht; und dann, Tag für Tag verkettet, mit der Unmittelbarkeit unserer nichtigen Knechtschaften. Man trägt sein Kreuz, erschafft eine Stimme, eine Vertrautheit, Personen, eine Ferne. Wenn ein Vorübergehender uns dann entdeckt, hat er den Eindruck, die Zeit sei aufgehoben. Und auch, was weniger gewiß ist, das Leben sei wahr.

Es möchte doch sein, hinter dem Haus das kleine Feld – das grüne Schweigen des Gartenkohls! – es könnte doch sein, (so sie nicht schriebe) die Unbekannte, die unsere Gemahlin, oder der Unbekannte, der unser Vater war, hätten nie existiert. Und auch nicht das Haus.

Alles ist *im Duplikat* (des Traums).

Bewohnt bin ich von jemandem, der mich ist oder sein wird.

Wenn ich ein Buch von Corinna aufschlage, springt es mich an: das Für-Immer der Person, die physische Klarheit in der hier verinnerlichten Erregung. Dieser Mensch ist da mit seinem Geheimnis. Und dieses Geheimnis folgt mir, denn in Süße wie in Bitternis hat Liebe uns vereint. Die Schrift, die heilige, und dann die unsere, hat uns getraut. Ihre Bücher leben mit der ganzen Heftigkeit, dem Schwung von Fortsetzungsgeschichten des Traums, und mit der gestundeten Zeit des Hier. Auch ich finde mich wieder im selben Lauf wie die Welt (die ihre), in der genau gestuften Logik des Unerklärbaren. In all diesen Schicksalen Corinnas, schrankenlos im Leiden und in der Öffnung auf eine andere Welt. Wie bei den Größten ist da immer ein Roman unterwegs; eindringlich die Einfälle, Begegnungen, doch hefte ich mich weniger an Tiere, Pflanzen, Menschen, Häuser gar, Tausend und eine Nacht der Autorin, als vielmehr an die Autorin selbst, die wiedersteht, Mensch wird in mir.

Es kann mich schon verwirren, so daß ich nicht einzudringen wage in dieses oder jenes Buch, ständig unter meinen Augen. Noch zuckt, noch wogt das Werk, das oft aus so schmerzlich erlittenem persönlichem Ereignis entstand. Spricht man die Worte nach, hat man das verletzlich zweigeteilte Glück auf der Zunge, zur Säure gemacht vom Stachel des Lebens.

Ein Rätsel quält uns.

Ich glaube, in jedem Buch lebt der Autor noch einmal sein Dasein hier und sein Dasein in einem Unbekannten. Bücher erstehen, von wo er kommt; Bücher gehen, wohin er geht, von einem Unlotbaren, das ihn geformt hat, durch so viel Staub hindurch und Löcher in der Erde, Regentropfen, Blutstropfen, man weiß nicht mehr, was es ist, ein Wald aus Verschlingungen, Substanzen, und die gesichtslose Leere selbst, die alles versammelt. Corinna ist das Zeichen für eine Person und für einen Berg aus Gedrucktem.

«Und was ist mit dieser Handvoll Asche?» sagte Gustave-der-Mystiker – in Händen hielt er sein dichterisches Gesamtwerk. Die Verse. Würmer, Nager, wer ist das? Nehmen wir irgendeinen Autor, einen von den echten; durch Zufall nur steigt er in der Nachwelt aus wie auf einem kleinen Bahnhof, wohin, siehe Dostojewski, die Genies flüchten. Einem jeden sein Anhang. Doch ist der schon in ihm. Im Anfang war das Wort. – Glauben Sie? – Nein, viel einfacher noch, ganz alltäglich ist das: Wer den Wahn hat, zu erschaffen, nimmt die Träume vorweg, die nach seinem Tod das Hirn eine lange, lange Weile weiterspinnen wird, bis zu der neuen, unglaublichen Verschmelzung.

Den Leib ersetzt vielleicht ein Gedächtnis, das eine Materie benutzt, die uns entgeht. Da ich das Paradies suchen muß, fehlt mir die Zeit, noch einmal schreiben zu lernen. Wäre ich zwanzig, schriebe ich keine Gedichte, sage ich euch; finge ich noch einmal an, ich würde mir Novellen erflehen. Ja, wie wahr das Wort ist! Du: Sag mir, wer du bist? Komm herein, wohne in meinen feuchten Eingeweiden wie ein Anker in diesen Talgründen. Bei Corinna will ich in die Schule gehn, Adam und Eva wiederfinden. Und rührte ich dann nicht an den, der sie schuf? Man beginnt immer mit Gedichten. Werde ich an den Rand einer Wüstenei stoßen? Denn ich versuche, in mir die Hochzeitsreise der Schatten zu vollenden. Corinna ging stets geradewegs vom Traum in den Text.

Was geschähe, sage ich mir, wenn ich nun wirklich entschliefe, das heißt, beim Lesen eines ihrer Bücher stürbe? Nähme ich nicht sogleich die Spur jenes geheimnisvollen Landes auf, das ich ersehne? Heimat, um die man Kopf oder Zahl spielt, hier; unter Tintentropfen schlängelte ich durch den Dunst, der aussieht wie ein Gespenst von uns, das durch die allzu helle kleine Tür des Horns gehen wird. Man schreitet durch Wände. Doch ich ahne, daß drüben die Dinge mit Menschenstimmen reden, wie *Die Dreizehnte kommt* wieder *Es ist nochmals die erste*, die Nerval wußte, der nächtliche Passant mit Tiefgang. Was immer man gelebt hat, entfleucht. Es werden mir wohl meine Tannen aus den Augen gehn und aus der Nase mein Mayen du Clou? – Hort hienieden und im Herzen eines Stücks Kindheit. Wo mich über alles erregten die Schwärme von Heuschrecken, wenn sie, mit ihren grünen Flügeln, blau plötzlich, dann rot, hinter den Scheunen die versengten

Matten löcherten. Und es verschwand die Weide, wie,
vom Schiff aus, ein letzter Streifen Land.

Der Himmel versinkt. Die Berge ändern Richtung.

Die Rotkehlchen mausern ins Winterkleid, hüllen
sich ins Schiefergrau und nähern sich ihren imaginären
Behausungen, den unseren.

Zusammen sollten wir uns an einen See in der In-
nenschweiz begeben. Dort hatte sich das Gewölk ihrer Träume gelichtet; eine ganze Nacht («ich war sech-
zehn») hatte sie gewacht, denn da war ein Gelöbnis, der
Schwur, mit der Feder in der Hand zurückzukehren zu
den Kindern, Feen, Mördern, zu den Bauern ohne Buch
noch Geschichte, zu den Feuerlegern, Wahnfrauen,

Müttern, Geliebten, zu den Tugend- und zu den Trunkenbolden, zu den Angeschlagenen, Stummen, Blinden, zu diesem ganzen Volk, dem Drachen, der in uns wohnt. Mit einer seltsamen Gabe der Verwandlung, mit einer vergoldenden, fast königlichen Würde. Die Freude hielt sie bis in den Morgen wach. An dem Tag, der ihrem Wachen folgte, ein sonniger Tag, fuhr ich mit dem Schiff über den See, die ganze Schule sang «Wilhelm! Wilhelm!» Altdorf verblaßte. Ich war knapp im Jünglingsalter und kam aus einem fernen Kollegium, das seinen «Großen Schulspaziergang» feierte. So allein war ich inmitten meiner Freunde – als ob ich keinen einzigen Freund hätte. Ans Unmittelbare war ich gestoßen, ganz gewiß. Auch ich hatte zu schreiben begonnen. Ohne Gelübde, aus Verzweiflung; auch wenn ich von Worten nichts wußte, in der Schule die Aufsätze, ich machte heilige Exerzitien daraus, um einen Zipfel Welt zu berühren. Tüüt! und scheuchte nur einen Abgrund auf. Ich stehe auf der Schiffsbrücke und zähle die blauen Muster der Wellen. Wie wenn man ein Segel streicht, ging plötzlich ein Beben durch mich: Ich werfe mich in den See! Nein! Gezwackt hatte es mich, doch den Sprung tat ich nicht. Erlebt habe ich: wie ich für einen Augenblick vom Dach fiele. Ich spürte einen Ruck, einen Stoß. Und ich hatte Angst, ich habe mich flach auf eine Bank gelegt. Es ist, als könne ich die Versuchung und die Tat nicht auseinanderhalten. In voller Durchsicht fand da ein Selbstmord statt! Und ließ mich für den Rest des Tages gerädert zurück, tatenlos, voller Zweifel.

Ich protokolliere dieses Aufblitzen, das Verschwinden meiner Person. Welch eine Initiation!

Ich wurde ein Mann, der sehr am Leben hängt, und der sich gleichzeitig nach dem Durchgang sehnt.

Stärker wird, gerade ob meiner Irrungen und Wirrungen, das Verlangen nach dem Wort, nach dem Fleisch.

Die Katastrophe mache ich voll durch das Abenteuer des Labyrinths, das ein ganzes Leben dauerte, und das nach den Glaubenssätzen der Liebe mit dem Heraustreten aus dem Exil enden wird. Ich hoffe, im anderen wieder zu erscheinen, der andere zu werden, der alle seine eigenen Unbekannten versammelt hat, und die mir begegneten, so verletzliche Wesen und so unbedingte, wie sie die Engel darstellen, die Vögel, die Brandstifter, die Kinder... ich lächle. Denn ich bin nicht unter ihnen?

Von neuem rufe ich meine korrespondierenden Mitglieder. Mann und Frau, die sich fürs Leben erküren, bei gewissen schwarzen Stämmen suchen die einander bei einem Fest, schweigen lange, und über ihnen wachen Götter; Götter, jene anderen Unbekannten, die man nicht besser kennen kann, als die Stadtmenschen Bauern kennen mögen. Wenn sie sich diese vorstellen: hoho! Wir aber, können wir uns kennen? Keiner weiß, wer er ist, und ein jeder geht von dannen. Im Schrank fangen die Kleider an, für uns zu denken. Gut, gut. Die Liebe aber kann euch die Augen schließen, den Mund auftun, die Augen öffnen, den Mund zutun, wie jene prächtigen kleinen Puppen im Rüschchengewand, die blauen Mammas, die sie auf Jahrmärkten verkaufen. Dies denn das große Stelldichein. Ein jeder erkundigt sich, faßt den andern ins Auge, hakt nach bei diesen schwarzen Familien, und ein Wort hat sakramentales Gewicht: «Du bist es!»

Ein Zurück gibt es nicht. Es ist die Kür vor dem Schatten, vor der neuen Geburt. Einer von uns zwei hat es ausgesprochen, das Wort, das ein ganzes Leben reisen wird, bis hin zu dem hölzernen Häuschen im Erdgeschoß des Löwenzahns. Und die Bücher, die dies Wort begleiten, die darstellen und offenbaren, die ihre Autoren erschaffen, haben die Leiber vereint und die Seelen.

Sie verstehen, sie vergeben alles. Das Böse ist vergeistigt und wird ein Element der Schönheit. Der wahre Dichter reißt auf jeder Seite seine Wunde auf. Corinnas Werke erfinden mir meine eigenen Erinnerungen. Das Ereignis, das mir entglitt; was ich in meinem no man's land ansiedle; was möglich war und sich nicht verdichtete. Vom Dunkeln das Dunkle, denn was immer nicht stattfand, da ich es entdeckte, wird es. Die Bücher schreiben uns. Ich tausche meine Herkunft an eine andere Herkunft. Durch den andern will ich, nach unserer langen schöpferischen Unterhaltung, noch einmal watend durch das Schweigen von vor und das Schweigen von nach dem Denken, durch ihn will ich, wenn ich die Augen schließe, wieder erschaffen werden.

Oh! «Mach den Mund auf!» sagt Gott zu der kleinen Marionette, «ich lasse die Erde hinein.»

Das Leben ist ein Irrtum; das antworte ich jenen, die mich am Ärmel nehmen, mich wickeln mit ihren Lehrsätzen, Empfehlungen, Treffpunkten. Man fällt hin im Treppenhaus! Man nimmt den Zug. Unsere Bücher schlafen. Inmitten von tausend Kümmernissen wird die Reise anhalten, und ich steige aus, irgendwo in der Nacht. Keine Wirklichkeit mehr, alle Wirklichkeit. Der Schatten hat leibliche Gestalt angenommen; das ist, was die Bücher voraussagen. Ich warte, daß einer kommt und die ist, die mich verlassen hat; und dann sage ich, sie berührend, oder sie sagt: «Ich bin es!»

Die Passage

Man lese die Traum-Gedichte von XXX:
Auch er wollte seine Frau werden.

Es pfeift das jammernde Rotkehlchen, doch ist es nur zur Erinnerung. Wir sind noch immer zwischen Winter und Frühling. Einige der Vögel verlassen die Umfriedung des Hauses. Wir sind immer zwischen zwei Winden. Ich werde selbst ein wüstes Eiland, auch wenn Freunde anlegen und Liebe nicht strandet. Traum und Saft reifen mir von unten, ich grüne ein bißchen; Leben bewohnt mich und das Meer. Ach, die Liebschaften, die mich anklagen, erleuchten, begnadigen! Ich weiß nicht mehr genau, wer ich bin (welches Mark, welches Schilf): Ich ahne einen anderen Raum in mir.

Welcher Art? Schreiben war ein Heil: von einem ungewissen Ort aus zu fahren beginnen, zu zeichnen, mit einem Haufen Erinnerungen, und die falschen waren die echten. Aber lieben? Die meinen Atem hat, meine Gefährtin und ich, wir glaubten immer, lieben und schreiben sei das selbe. Ich stapfe über die alten Matten (alt an Schatten, gegen den Berg), ätzend gelbes Stoppelgras, vom Winter achtlos geputzt, Matten, die den abgeriebenen Bäuchen der Waldtiere gleichen. Sie säen ihren Flaum. Die Büsche hängen ihre schwangeren Flanken auf. Hie und da flockt noch ein Schauer. Das räucht ein, das hellt auf. Das Rotkehlchen verschwindet. Der Teufel haut seine Frau! Die Dächer knistern, tröpfeln, hurtig läuft dieser Platzregen über den Berg,

indes am Waldrand, zwischen zwei Nebelbänken, die
Sonne ihre weißen Flecken plättet; und ich werde nicht
satt, zuzusehn, wie das Wasser aus den Schneefeldern,
die am Schmelzen sind, rinnt, zurückweichende
Strände, entlaufend zum leisen Trommeln der Quellen.
Braun frißt Weiß, die Weiden befreien sich. Er rührt
sich, der Frühling. In einem meiner Bücher für allein-
stehende Männer, allein auch mit andern, studierte ich
einen Durchgang. Faszinierend für mich, immer neue
Abgründe: Nord-West-Passage also, der Weg von einem Ozean in den andern, und Schiffe suchten, ver-
suchten ihn alle 50 Jahre wieder, zwischen Eisbergen
und Tundren, gleitend mit der Eisbank. Die Schiffe
blieben liegen, oder sie versackten vor einer kleinen Insel, die sie jedesmal mit dem sehr höflichen Namen Insel der Verheerung feierten. Welch unnützer Sache diese
Männer dienten: wie eine Initiation! Die Sache einer
schrecklichen weißen Seite. Ich las, was sich da so ab-
spielt am Ende des Schweigens, ich folgte den un-
gerührten Bordbüchern. Ein Bauer erklärte, ich hätte in
einem früheren Leben eine bestimmte Reise getan, oder
ich bereite eine solche vor ... Heute versuche ich, die
Abdrift des Winters in den Frühling zu sagen. So phan-
tastisch eingeziegelt in mein inneres Labyrinth – es kün-
digt vielleicht an, daß ich diese Welt bald verlasse. Eines
der Segelschiffe hieß *Das Fragezeichen* ... und das andere *Warum nicht*?

Gefangen sind wir in einer Art Dunst, in einer Art Hel-
ligkeit aus Erwartung. Verstört kommt, es gibt keine

Erklärung, an gewissen Morgen das Wild bis ins Dorf, in dem die Gärten voller flanierender Düfte sind. Etwas wie Wärme und etwas wie Hunger mischen sich: So sind die neuen Tage. Braun ist der Wald geworden, wenn man ihn von nah besieht. Ich weiß noch, wie munter bei plötzlichen Schneefällen das Schattengrün der Tannenzweige war, der flaschengrüne Schein der Nadeln. (Wie gut, geduckt auf den Skis die Couloirs hinunter zu fahren!) Unentschieden, prasselt die Luft zwischen Gold und Grau. Eine Wehmut überkommt mich, aber eine lebhafte, glückliche. Die Drosseln hör ich. Von nackten Apfelbäumen aus fliegen sie zum finstern Wald. Und ich finde jene heraus, die so mächtig sangen für uns, damals als ich C an der Hand hielt, um sie zu einem Schloß aus der Kindheit zu führen. Das ist ein Haus, darin ich immer glücklich war. Wir gingen durch einen Fichtenwald über dem Fluß. Die Nacht fing an zu blauen. Die Berge? Alle verbrannt von der Klarheit. Diedriedi! – diedjeri!! – kwitkwik – rstrerreri! Eine Misteldrossel noch, wo mach ich ihn aus, den klirrenden Rosenkranz von Perlen, die von einer Tannenspitze rieseln, Noten, die segnen, auf- und absteigen. Die alten Dichter sagten: den Himmel kennen, den Tau, das Wasser, einen Vogelsang … und dann gehen! Wie durch ein Loch trinkt ein offener Schnabel das große Blau oder die anschleichende Nacht.

«Gewoben» bin ich, zu dieser Stunde. Der Sarg tut sich auf. Ein anderes Leben nimmt in mir seinen Lauf, Stück für Stück aus dem geformt, was der oder jener von meinen Entschwundenen erlebt hat und woran ich mich erinnere. Sie, C, also immer öfter, und jedesmal, wenn meine Gedanken einer Zeile aus ihrem Werk folgen, holen sie einen ihrer Träume. Erschütterung höhlt mich: Ich falle in ihren Herzschlag. Und die anderen? Verwandte, Freunde, «die nicht mehr da sind», ich merke, wie sie mir zuschauen. Das schreckt mich, und ich muß mich gleich in meinen Alltag zurückziehn, irgendwelcher Fron andienen. Muß sie rasch aufgeben, um zu schreiben. Schreiben, das ist meine eigene Wirklichkeit erdichten. Die selben Namen könnte ich auf innere Landschaften legen wie auf Orte, an denen ich eines Tages einhielt, am Ende der Welt, am Ende eines Himmels... *Breitmatten... Weißsee...* pst! meine Träume lallen von schillernden Weiten, noch einmal unberührt geworden; sie umstellen einen, der unterwegs ist, sein eigenes Leben zu suchen. Sonderbar, diese große Ruhe: ein Tal ohne Namen. Ich bin im Wald des Denkens – oder hinter dem kleinen Paß, wo ein Schneehuhn abgetaucht ist, die Bäume gestreift hat, ih! nachdem es aus den Erlen heraus war, aus diesen eingeschneiten Ställen, deren Bedachungen Marderspuren furchen.

Linderung, oh ja! Sausen der Leere.

Die namenlose Wildnis katapultiert dich in dein Hinterland.

Wenn eines Tages erst alle geographischen Karten falsch sein werden, wird man sich dem Anruf und den Fragen jener stellen können, die nicht mehr ganz Individuum auf zwei Beinen sind, nicht einmal mehr Wol-

ken in Hosen. Doch wie sie benennen, die Toten? Stengel, Stiele, Stämme aus Gedächtnis. Ich glaube an einen geheimnisvollen Austausch zwischen uns und den Entschlafenen, denn jeder hier trägt seine Lieben in sich. Das Herz garantiert, daß sie leben, und läuft, läuft mit der selben blinden Präzision, die es so vielen Würmchen oder Larven von Schmetterlingen, oder von Fliegen (sind wir nicht höhere Fliegen?), erlaubt, sich zu vermehren, so vielen seßhaften Arten, mit ihrer umständlichen List, und so vielen wildgewordenen Wanderstämmen.

In der Dunkelheit der Setzlinge überzeugt sich uhrmacherhaft ein Überleben, unsere unbekannte Wirklichkeit, die sich auf den Weg macht. Was immer die andern durch mich erlebt haben an Gutem und Bösen, wird mich neu erfinden. Wenn ich dem mächtigen Gesetz der Liebe vertrauen kann! Und zu Ende meiner Expedition auf der Erde, unter der Erde, gehe ich auf das Wesen hin, das für mich zur Mitte von allem geworden ist.

Die niederen und die wahren Tugenden müssen die Gebete hinwegtragen.

Der Schriftsteller, der mit dem Schreibstift sein Geschlecht hält, versetzt sein Ich schon in eine andere Welt. Die Werke sind Botschaften, Träume. Mit unseren alltäglichen Begegnungen aber, vom Krämer, vom Abenteurer um die Ecke bis hin zu unseren Frauen, mit einem jeden formen wir, schreiben wir täglich neu, und durch die unscheinbarsten Figuren und einer Menge armer, unsicherer Personen, werden wir ihn kaum gewahr, den Roman eines jenseitigen Lebens. Er wird uns glücken in dem Maß, wie wir sie lieben, die Leute – mit dem Teil Gnade, die die Einbildungskraft ist, du selbst und doch ein anderer; wie wenn man ein Buch schreibt. Was für Romanschreiber sind sie, die Verrückten und die Heiligen... Müßte man nicht doch reinen Herzens eher Krankenpfleger werden? Weg da, moralinsaure Unterscheidung zwischen dem Unnützen und dem Brauchbaren! Das Leben ist die Schrift der Literatur, und die Literatur ist das Leben des Lebens. Wir schreiben sie, diese Ewigkeit, die zugleich auf dem Papier erscheint, Weißholz, bebendes Mark der Bäume, und in einem künftigen Leib, einer künftigen Seele, unserem Werk, und diese wird es am besten haben. Ein Dasein. Vielleicht werden wir Geister sein. Gewiß aber werden wir in diesem unserem Universum wohnen, in dem das Vergangene mit all seinen Stätten in uns sein wird.

Du denkst, dich gibt es nicht, und du bist es, in dem die Welt lebt.

Die Entschwundenen sind Entführte, der Autor ist ein Entführter. «Ich weiß nicht, wohin sie mich führen!» ereifern sich die Schreibinsekten vom Schatten und die Papierkratzer noch bei ihrem vierzigsten Band.

Zu einer weißen Seite!

Ich stopfe eine Pfeife.

Völlig bei Sinnen, will ich, ganz absurd, C werden.

Kopf und Zahl: Bis dahin – denn sie und ich, wir teilen geschriebene Werke – wird man uns auch unter diesem Erscheinungsbild zusammen finden, wie auf den Inseln der Verheerung (der Kehrseite vom Paradies) die Mitglieder einer Mannschaft, untergegangen auf der Fahrt zu dem berüchtigten Durchgang, bestens erhalten im Eis, in den Flechten, das Blut kaum geronnen, ein paar Beeren noch im Magen, die sie analysieren werden.

Oder was von unseren Gedichten bleibt in nun hundert oder zweihundert Jahren...

Auf dieser Welt, wo man zehntausend Dinge verliert, wann immer man eines ergreift. Packt man das eine, wird man sie alle haben!

Man entschuldige mich.

Das Reich Gottes

*I*ch habe mehrere Wohnsitze, und in allen ist ein Stück von mir.

Ich kannte einen Mann, der hatte sich zum Heiraten ein Haus gebaut, und als er das erste Mal auf der Schwelle stand, drehte er sich um: «Ich habe es gebaut, und ich sehe, wie ich, Füße voraus, da wieder hinauskomme. Über diese Treppe mit dem Schmiedeeisen!» Ein Mann, der seinem Leben Beständigkeit gelobte.

Ich bin gepilgert. Das Haus, in dem ich zu sterben hoffe, ist das Haus meiner frühen Kindheit. Ich gehöre zu denen allen, die da lebten, hier habe ich meinen Glauben ans Glück gestammelt. Ich bin ein Wunschkind gewesen ... mit einer Zukunft als egoistischer Sonderling. Verschiedene Wohnungen habe ich zurechtgemacht. Ich hatte (in den Föhren) mein Haus zur Verlobung und (in den Reben) das der Heirat. Über dem ersten weht eine Wehmut, Sorge noch immer auf dem zweiten. Einige Abenteuer verfolgte ich, in Holz, aus Stein, im Wort.

Ich hatte das gleiche Augenmaß wie jener Mann – aber für meine Frau: Durch sie werde ich in die andere Welt eintreten! Denn die Gewißheit, dies sei der beste Mensch unter allen, die mich überragen würden, war das Vorspiel. Mein Zeuge also, und er wird für mich antworten. Neun Häuser waren unser bis zur Stunde.

Eines von ihnen ist mir wirklich sehr lieb, denn darin war ich ohne Ausnahme glücklich und zufrieden. Trotz der vier Prozeße an Ort und einer ständigen Rachsucht, die ich verzeihen muß. Jetzt sind es zwanzig Jahre, daß ich es erfunden habe; dieses Holzhaus gemahnt mich an Freude und Einverständnis mit meiner Gefährtin. Abseits der Straße, ohne Post. Eine Minute vom Adler! Durch Wälder stiegen wir hinauf, unsern Texten wieder zu begegnen, ganz neu die und unbedingt, wie das Wasser von Blumen aufgefrischt, vom Anmarsch die Gedanken.

Diese Behausung entging einem Teil der Sünden, die ich trage.

Von den Fenstern des Spitals aus folgte, ehe sie starb, meine Frau mit den Augen im Blau der Wälder sanft dem Weg, der das Tälchen durchstach, letzte Furche so vieler Tage!

Wenn ich ankomme, trete ich ein, öffne die Tür eines Schränkleins und lese ihre Liebeserklärungen an die Bäume; an den Wermut, wild im Gemäuer gewachsen, an den Birkhäher, an eine kleine Bretterhütte, an die Morcheln, hindämmernd unter den silbrig modernden Blättern, an unsere wilde Katze, Herrscherin über die scheue rostbraune Hündin, an die schweifenden Tiere, zahm werdend im wandernden Mond, an das Rudel Gemsen, die, sobald es schneite, auftauchten und in einer Falte des Hanges ästen, gleich unter unseren Fensterläden mit den ausgestanzten Herzchen. «Sie kommen!» notierte sie. Hinter der Tür des Kästchens mit den Kerzen lese ich Kalenderdaten und überall diese Ausrufezeichen in den Verwerfungen des Holzes (wir kamen und gingen, mit Gepäck überhäuft, Hand in

Hand mit unseren Tieren). «Ich bin so froh, wiederzu-kommen!»

Mir gefällt der Name des Ortes, er bedeutet: «In den Erlen».

Dieses Jahr bin ich mit einem befreundeten Paar hin-aufgegangen, berühmt für mich, ansonsten nirgends prominent die zwei, doch alle kleinen Flüsse des Lebens haben sie zusammen überquert. Zwei Vögel auf dem Zweig. Unterwegs zu meinem verlorenen Dach in den Bergen, schlafe ich bei ihnen, und sie begleiten mich.

– Wissen Sie, sagte mir die Dame (sie fürchtet, ein En-kelkind zu verlieren, das sie geheilt und aufgezogen hat), daß Corinna mir erscheint, wenn ich voller Ver-zweiflung einschlafe, und daß sie mir sagt: «Nein, nein, befürchten Sie nichts.» Einmal trug sie ihren blauen, ein anderes Mal den leichten rosa Regenmantel. Sie sieht mich an mit so viel Güte und in ihrem gewohnten Frohmut, daß ich getröstet bin.

– Darf ich Sie umarmen.

Eine andere Freundin und noch eine Freundin, meh-rere Frauen haben mich ins Vertrauen jener Träume ge-zogen, die dich abheben lassen. «Ich bete zu ihr», sagte mir eine Vertraute aus der Kindheit.

Ich habe ihn eingesaugt, diesen Herbst mit einer blauen Reinheit zum Sterben, und ich habe ihn ge-schrieben. Wandernd rührte ich mich kaum über die Lärchen und Erlen hinaus; letztere spannen einen Lichttropf auf ihre vereisten, verschrumpften Blätter; ringsum fällt das Buschholz langsam in sich zusammen, sei denn, ein Rest von Dornen hält es noch aufrecht.

Einsamkeit und Reinheit der Luft aber ölten den Flug der Vögel. Mit kurzem finsterem Flügelschlag verschwanden sie von einem Ast zum andern. Eine Schar Kohlmeisen flatterte ganz stumm um einen Lärchenstamm, es sah aus, als verhärtete sich der Stamm zu einer Tempelsäule. Eine Heimlichkeit, eine Zurücknahme vor dem, was an Schrumpfen die Jahreszeit schon ankündigte, legte sich auf alles. Mit den Flügelspitzen befühlten die Vögel in der letzten Sonne das kommende Eis. Sogar die Wespen; ihr Gesumm trocknet ein. Den einen Morgen kamen sie nicht hervor, den andern schwärmten sie aus dem durchlöcherten Balken über meiner Tür, wo sie wohnten. Je nach Kälte. Die Heuschrecken? Kein Wank, außer du schnippst sie mit einem Kieselstein. Sind am Faulenzen. So rot, verstaubten die Berberitzen ins Violett. Halb Warten, halb Rätseln, tränkte eine ungemeine Vorsicht, ja Unterwerfung alles, was lebt und Bescheid weiß. Oft auch erspähte ich, stiller noch, den Bussard, wie er über der Voralp Flügel schlug, wie Filz in meinem Himmel. Fressen oder gefressen werden. Und immer dieses hauchdünne Licht. Das Rotkehlchen-Paar hingegen, ich sah die zwei sich verfolgen, vor Liebe im Kreise drehn, in den Büschen, handbreit über dem Boden, und auf der Brust blitzte der winzige, lebhafte orange Dämmer auf, und im Fliehen zappelte schaumgrün der Schwanz, ein faules Holz, mehr Blatt als die Blätter. Vermißt erklärt, adieu! dieser Sang ist verstummt. Die dicken weißen Nebel trieben mit der Geschwindigkeit von Gedanken, eines Tages reisten sie über die Wälder, zogen sich dann zurück, aufgesogen von der Rhone, die sich duckte unter einem Dunst, dem, als sie herausstiegen, die Berge zu entweichen schienen, sie lehnten sich zurück. Auf dem Hang sah ich im blauen Brodem von Dörfern nur noch Zeichen; wie sie manchmal in der Malerei auftauchen, kleine weiße Schatten, mehr sprechend das Bild als genaue Pinselstriche, Flecken in dieser verdampften Luft, welche die Festigkeit von Moos annahm oder von einem Parfum. Ich sagte die Dörfer her (ihre Namen in den Romanen von C, ihre Taufnamen auf der Karte), Dörfer, die sich verfestigten unter dem Schleier. Doch wenn das Häuser waren, waren es auch Beeren, Früchte, eben reif und bereit, sich zu zersetzen – doch wußte ich nicht mehr, was ihnen bestimmt war, Nacht oder Licht. Was für ein Orient! Eine verlorene Welt, im gleichen dabei, sich aufzulösen und zu erstehen, sehr nah und sehr fern, die ich gut kannte, so heftig bejaht, wenn man da lebt, dann verneint gerade durch ihre Unmittelbarkeit selbst; oft fühlte ich mich dort wie ein Toter auf Reisen, sorgfältig wiedererweckt auf Distanz.

Immer sagte ich mir am Saum des Waldes:

Hier ist das Reich Gottes.

Es ist da, ist unter uns. Und unter dem Schleier vergaß ich das Unerträgliche nicht: die Krankheiten, Unfälle, Verbrechen, die Fehler aus Unwissenheit, das Absurde. Ich habe einen Grund, all das Schlimme mit mir in Verbindung zu bringen. Der Alptraum des Wirklichen griff oft ein in meine Bilder; als Dichter mitschuldig durch Versagen, Flucht, Lüge, tausend Dummheiten oder auch ohne den geringsten Fehler. Komplize unverhofft sogar mit dem, was mich ausmacht, in allem, was ich verkünde. Mitschuldig, wer ist es im übrigen nicht? Der Einsiedler vielleicht? Da doch die Einsamkeit ein ausgesprochener Luxus ist! Aber ich will nicht auf den eigenen Masken beharren: meine Bücher, meine Häuser. Beide, diese Bücher, diese Häuser sind mir hingegen so teuer, weil sie in andere Werke getaucht sind und mich so in die innerste Nähe meiner Gefährtin bringen. Ich sagte: Masken. Warum nicht: Tore? In Wirklichkeit: Träume. Wie dieses Reich Gottes, das ich schaue. Ich habe nur Träume geschaffen, *ich war berufen*. Ein größeres, stärkeres Geheimnis reißt mich fort. Ich bin kein Dichter mehr oder dann ein neuer. Ich habe

mehrere Tausend kleine Taten der Liebe erfahren, von meinen Nächsten und von Größen, denen ich begegnet bin. Nun, seit Corinna gegangen ist, versammeln sich all diese kleinen Akte. Bewohnen mich ohne Unterlaß. Sie schließen mich ein. An jedem Morgen, wenn ich aufsteh, und oftmals dann über Tag drängen sie mich.

Nicht so sehr Erinnerungen, vielmehr ein unversehrtes Teil, das Eigentliche des Ereignisses. Endlich durchschaue ich es. Als diese wandernden Gnaden sich zeigten, habe ich geschlafen. Wieviele sind es? Von wem? Briefe, Grüße, Zärtlichkeiten, Gläser Wein, weiße Tischtücher, Mahlzeiten, Pflege, Gebete, Arbeiten, so viele Arbeiten, so brüderliche Hilfe, Sex, Gedichte, freundliche Aufnahme, Geld auch, auch Brot. Meine Häuser, Gärten, Reben, sie sollen sich an alles erinnern! Und mein eigener Leib ... Ein Gabenregen half mir zu erblühen.

Kleinste Körner lassen den Alltag sprühn. Als sei man ein Pilger (ich war einer) und bekomme Gastfreiheit vom andern. Zufällig trifft man wieder auf seine Wohltäter oder auf ihre kleinen «Weihnachtsbäume». Die Staubspur meines Weges nimmt neue Farbe an. Indem ich sie wieder fühle, mit Händen greife, all diese erwiesene Güte, muß ich gestehen: Ich sehe sehr wenig – wer weiß doch mehr, als mir erscheint? –, was ich gegeben habe: fast nichts. Nicht aus Demut erzähle ich dies. Ich war ein «Unnützer», ich brachte es zum Besitzer, streunend wie die Katze, ein Außenseiter, und es bedrückt mich nicht. Eine Leidenschaft führte mich: Schreiben. Und dies war das Band, das ich hatte zu dem Reich

Gottes. Doch will ich es wiederholen: als ein Mensch, der schlummert eher denn einer, der unmittelbar teilhat am und umgeht mit dem menschlichen Leid. Verkennen, Verblendung und ein Egoismus blieben mein Teil. Ich lebte von Visionen. Es ist dies ein elender und ein reiner Zustand. Elend, denn ich fühle mich arm an Liebestaten; Reinheit: Das Reich Gottes hienieden funkelt vor meinen Augen. Ich darf wohl sagen, ich schlief. Ich wachte auf, ohne daß der Traum zerriß. Sehr wirksam ist sie nicht, meine Hellseherei, bei weitem nicht. Er, Christus, hat alles verstanden und alles bewirkt in der zwiefachen Gegenwart, die in Angesicht der Welt und von uns selbst, uns durchwirkt: Wachen und Schlaf, Schönheit und Elend, Wort und Wunder. Während dreier Jahre, ehe er starb. Darum schreit mir alles, Er ist auferstanden. Sein Losungswort, sein Breve in Sachen Wirklichkeit ist, ich zitiere: Das Reich Gottes... Hier und unbemerkt. Das aber durchschlägt. Zum ersten Mal vereinen sich in mir, zum mindesten der Absicht nach, der helle Glanz eines jeden Tages und, minder oder groß, die menschlichen Opfer. Eines will ich euch anvertrauen: Ich bin ganz nackt, doch alle Tage wie unter einem Regen (ich, der Egoist): von jedem Menschen, dem ich im Leben begegnete, empfinde ich noch die Auswirkung, die Nachwirkung seiner Liebestaten. Dreißig Jahre, fünfzig Jahre danach überspülen sie mich. Alle die Gesten der Zuneigung, ja, ein Ton in der Stimme meines Onkels, meiner Eltern, jeder auf seine Weise, die Hände, die Augen... die Geradheit der Freunde.

Meine Frau aber ist es, die, als sie ging, mir all dieses aufscheinen ließ. Wie das? Indem sie (das Fest vorausnehmend) eine unendlich demütige Güte, einen am Alltag geschärften Durchblick vereinte mit der Schau einer sprudelnden Literatur aus Schönheit und Glück, träumend mit angespanntester Aufmerksamkeit, ein künstlerischer Schwung, vom Haushalt ins Phantastische, überhöhend das ruhmloseste Gartengewerk, erhellend eine Notwendigkeit, ahnend das innere Wallis, ausgreifend, durch ihre Werke allen Leidenschaften offen, mit ihrem Lächeln offen jedem Gesicht, das aufbrach. Der verlorene Schrei fesselte sie. Und es wurde alles vollbracht, alles verband sich mit allem. Sogar die Tiere, die sie beäugten, spürten verwundert, daß sie verstand. Die Katze und die Hündin waren intelligenter als ich. Dazu kam die Mühsal einer Laienschwester... Dienstbarkeit aus Erbarmen! fehlerlos mehrte der Leib den Geist. Als sie fort war, überkam mich Schwindel, und mit einem Schlag, von einer Stunde auf die andere, zerfielen meine Begierden; dann erst sah ich die anderen, und eine Menge Lebewesen wurden Sie.

Wenn die Verstorbenen mir gegenwärtig sind, so begegne ich den Lebenden nicht mehr wie früher – wie es mir gefällt oder dient oder im Urteil befangen –, nein, was auch die Unterschiede zwischen uns seien, immer sehe ich, wie sie etwas werden, was mich übersteigt.

Jemand hat sich gegeben und ist im Entschwinden allsogleich erstanden in mir, sämtliche anderen Kräfte im Sog, so daß zu fließen beginnen alle Quellen.

Im Schrank lese ich ihren Wunsch, hierher zurückzukehren, in dieses Chalet. Ich wandere auf den zwei Seiten des Buches, das ich ihr schreibe. Zu einem anderen Chalet neigt sich ein kleiner Garten. Zwischen zwei Schneetreiben haben die Besitzer alles eingeholt, doch das prächtige Blau kam zurück. Das Haus ist der Himmel, die Wiese ist der Himmel. Winzige Salatköpfe, groß wie Klee, sind nachgewachsen, und ehe es gefriert, will ich für eine Mahlzeit den einen und den anderen holen. Die Natur setzt auf einen weiteren Vollmond, Säfte kehrten zurück. Wo das Emd gemäht worden ist oder die Kühe geweidet haben, überrascht das Grün, während ich andernorts Stoppeln streife, trockene Halme, darin allein die kleine Steinnelke staunen macht. Ein paar Pflanzen, ein paar Geisterblumen auf den Oasen erinnern an den Frühling; ich pflücke auch sie. Im Wind zurück zu dem Gärtlein. In dieser Morgendämmerung hat der Nebel es entwendet, ich mache tiefe, frische Spuren aus: Die Gemsen aus meinem Wald, vielleicht ein Hirsch, welch eine Schuhnummer diese Hufe! Und ich sage mir: «Da kommen sie ja!» Oh doch! es gibt Gesichter, die einander gleichen, die sich suchen. Die entschwundene Verwandtschaft geht in diesem Augenblick über die Erde. Ich folge den Spuren, überall. Auch sie wird wiederkommen. Wann? – Wenn ich alles begriffen habe. – Wo? – In meinem Herzen. Wenn mein Herz die Welt sein wird.

Drei Uhr nachmittags. Ich tunke mein Grünzeug ins Oel. Gern wär ich ihre Weide. Ich ahne, weil ich zu selbstsüchtig bin (denn man müßte sogar die Verzweiflung annehmen), ich ahne, ich werde ihr erst begegnen im Augenblick, da ich sterbe. Es wird mir kein Zeichen sein. Ich werde nicht sehen, daß der Himmel aufgeht oder die Nacht. Mein Glaube aber ist klar und rein und derselbe wie damals, als ich sie zum erstenmal sah. Ich habe sie gekannt, ich habe sie gelebt. Auf mir ist dieser Druck von Liebesakten, sonst nichts, dieser Berg, auf den ich steige, wie als ich einen großen Rucksack trug.

Der Vogel

Dieses trübe Licht, wissen Sie, genau das Gegenteil vom weißen Feuer des Winters, das uns die Toten nicht verbirgt.

Ich traf auf einen Vogel, um Mittag herum, im drückenden Himmel eines Frühlings, der Sommer werden will. Der Vogel machte mich neugierig: Klein war er und so grau, grauweiß der Bauch, schwarzgrau an der Schwanzspitze und sein Rücken Rauch oder Asche. Sehr flink hüpfte er in einem alten Birnbaum am Hang unter dem Haus von Ast zu Ast. Wenn er ausruhte, sah ich jedesmal sehr genau einen Teil seines Gefieders; so farblos und wie ausgelöscht von der Einsamkeit, daß ich ihn mit einem kleinen Feldstecher nach Strich und Faden inspizierte.

Ich ging nach Hause.

Nun denn! als ich einen Brief schrieb, einen Brief an die Welt! streifte mich, weniger als ein Schatten, der aufsteht, ein leichtes Geräusch. Am Tischende war, zwischen den beiden Fenstern der engen Veranda, der kleine unscheinbare Vogel eingedrungen und fand unter den Balken keinen Ausgang mehr. Ich beobachtete ihn eine ganze Weile. Ich wollte ihm eine Tür öffnen und ihm so Zugang schaffen zu einem Korridor. Nichts zu machen, der Vogel verhaspelte sich längs der Verglasung. Bald war ich regelrecht gerührt. Ein zweiter Vogel trommelte mit den Flügeln auf der anderen Seite der Fenster und rief ihm. Der Gefangene drehte durch. Klatschend ein jeder hinter der Scheibe, folgten sie einander. Ein Paar! Das gibt's doch nicht! Zuerst dachte ich an die Frau, die mit mir lebt, zu diesem Zeitpunkt aber auf der anderen Seite des Ozeans war, bei ihrer Mutter, die im Sterben lag. «Flieg sogleich hin!» hatte ich am Vortag zu M. gesagt, die mir erzählte, ihre sehr betagte Mutter nähme keine Nahrung mehr zu sich, und klar und bei Sinnen habe sie beschieden, ihre eigenen Eltern riefen sie. Sie hatte sie gehört.

Wie Blätter, die rascheln.

Ich betrachtete die beiden Vögel: «Das bin auch ich und C.» Angst und der Wunsch, über die Schwelle zu gehn, werden sie deutlicher? «Ich bin noch nicht ganz bereit», hatte da drüben die Mutter ihren Eltern geantwortet.

«Fliege gleich! Sie wartet auf dich.» Welch ein Wink. Aber habe ich nicht meinerseits genug geklimpert, mit dem Schnabel, der Feder. S.O.S. eines minderen Träumers.

Hinzugekommen, befreite ein Freund den hilflosen Vogel. Seine Hände umfingen einen stumpfen Körper, dann machten sie auf. Wie seine Flügel ausschnauften, verfolgte ich, in gerader Linie hin zu dem Baum im Morgen, so als wolle er den ganzen Staub der «Abbaye» abschütteln.

In diesen Notschreien wohne ich, ich habe den Atem eingezogen (ich habe sie gegrüßt, über den Ozean hinweg!), am Apparat nahm ich den Lebenshauch wahr, den Abdruck jener alten Dame, die davongeht. Und das unterwegs verlorengegangene Wort: die Liebe, die jetzt noch aufkeimt zwischen ihrer Tochter und mir. Ich muß nun gehn, flehe Blumen an, blaue Stiefmütterchen im Garten.

Ich vollende mein Teil vom Unbekannten. Brennend und begraben kommen wir voran. Ich überzeuge mich, ein ungeheures Glück stehe uns allen bereit. Verfalle ich Hochstimmungen? Der Abgrund vermummt sich. Manchmal verlassen mich die Kräfte. Ich sah den Vogel, und ich sagte mir vor: «Ach, du Armer!», will heißen: Du verstehst nichts vom Leben, das entflieht, von diesem Leben, das man erst im Sterben begreift. Das ist, warum jene, die gehen (verlassenes Land der Betten), geheime Offenbarungen einflüstern denen, die bleiben.

Unsere Häuser ragen knapp aus der Nacht heraus. Ein Gedanke taucht auf. «Warum solltest du nicht über das Wasser schreiten?» Ich grüble oft, was es bedeuten mag. Herausfordern – die Zeit vielleicht. Die beiden Ufer… Petrus konnte nicht, Christus schon.

Sie wächst in einem fort, die Liebe, die ich hege für die Welt; das Leben und das Sterben, in mir nähert sich das einander zum Verwechseln. Ich halte es nicht mehr auseinander. Und es schließt alle Wesen ein, die ich gekannt habe. Doch ein jeder ist berufen. Und wer weiß: seit Geburt.

Wie blind und ungeschickt es war, das Vögelchen, so grau und unansehnlich wie nur eines, doch welch ein Aufflug! Und wie sie tanzten, durch die Scheibe getrennt, die beiden Gatten!

Gehn wir! Hinter dies Leben, diese Scheibe, stell ich das Leben und unterschreibe.

Ich bin auf See.

Das wüste Eiland

Und was nähmen Sie mit auf eine verlassene Insel?

Auf meinem Bett erwachte ich, ein Schnee begleitete den Tannenbaum, der am Fenster unmerklich wiegte, und außer ihm und mir war niemand auf der Welt.

Die Stimme aber fuhr fort, als ob sie sich an mehrere Leute richtete, die eine sich neigende Nacht aushorchten.

– Ich will euch verwirren. Eine Erinnerung an eure Liebste, eine einzige?

Ich suchte und wollte keine Bilder. Wer weiß? Ich sage mir: dies kleine alte Einmachglas mit Weichselkirschen, das ich eben aufgemacht habe? Es hatte mich angerührt, gestern. Mit einem Mal stachen mich die Früchte und ich erkannte meine wilden Kirschbäume wieder, munteren Sprößlinge von denen, die ich um unser Haus in V. gepflanzt hatte. Ich glaubte mich darin wiederzuerkennen. Ich spürte, ehe der Sommer sich aufbraucht, diese Süße der Luft und die Wärme; Juni, der aufgeht auf meiner Wange. Wenn dies lavierte Rot (die Farbe wilder Kirschen), wenn, bläulich leicht und leicht milchweiß, ihr Rot zu wehen beginnt. Und, klar, Sie war da, auf dem Balkon, ihre Züge verschwammen mit ihrer Stimme. Auch sie war ein Geschmack. Ich schloß die Augen über dem wüsten Eiland. Was könnte ich mitnehmen, das näher wäre an allem, und was durchdränge mich stärker als diese Obstgarten-Zunge, die ich schlecken will? So viele Tage oder diese Anzahl Wochen werde ich überleben, wie es Früchte hat. Essen heißt schwinden, wie der Schnee, der schon schmilzt auf der Tanne, die so grün wird.

Ich schlief ein; dann sann ich dem Malachit nach, kleiner Stein, der im Mondschein schimmert, sie hatte ihn auf dem Weg hinunter, zwischen den Reben unterhalb Venthône gefunden. Grün und feurig. Sie ließ ihn schneiden, trug ihn dann zwanzig Jahre als Ring, ehe sie ihn in zwei teilte für jede ihrer Nichten. – Zurückverlangen will ich von ihnen dieses kleine herbe Schmuckstück, so berglerisch in der Art. Ich vermute ein Geheimnis im Leben dieses Steins und eine magische Strahlung, die über uns kommen wird. Lichtstärke; treibende Macht in der Sterbelampe. Er allein, an meinem Finger, Funke von einem Planeten, den ich gern habe, und der bald den Abend, bald den Morgen anzeigt, dieser Malachit allein soll mich versiegeln zu unterst im Sand, in meinem Loch. Antrauen wird er mich der Wüstenei.

Ja, da ist in einer Schublade noch eine beschriebene Seite. Die Widmung von ihrer Hand, in den ‹Hundert kleinen Liebesgeschichten› … «Dieses zersprungene Herz, sein Bestes ist für ihn. Seine Corinna.»

Dies eine Blatt vom Lebensbaum reicht mir, doch der Ausgang wird allsogleich der Ozean sein.

Eine Insel diese Welt, wie ein Walrücken. Seeleute auf Fahrt hielten das für Erde, sagt man; landen drauf und picknicken. Zünden ein Feuerlein an. Die Insel erwacht und versinkt im Ozean. Genau das ist der Augenblick des Todes; die Erde verläßt uns, wir tauchen ins Wasser, grenzenlos und ohne Bleibe.

Das jüngste Gericht

*I*ch habe es erlebt, als hätte es schon stattgefunden. In meinem Dorf lebe ich nämlich wie ein Toter, der vom Friedhof kam (wo übrigens, wie ich glaube, keiner ist; es ist nur ein Ort der Zeichen); auch ich empfinde die Ereignisse und betrachte die Leute, als wären sie schon meine Vergangenheit. Hier ihre Gesichter; das Urteil ganz frisch. Ich verlese es im vornherein. Ich werde sie öffnen, habe sie geöffnet, öffne die Augen.

– Erzähl!

Dies Leben hier (doch seid ihr sicher, daß es stattfand?) und das andere vermengen sich. Die erste Etappe, von der man zurückkommt, habe ich hinter mir. Wie ein Fahrrad oder ein Laster in der Nacht fuhr mein Sarg davon. Kaum angekommen aber bei dem grauen hellen Tagesanbruch zu Winterausgang, schneidend wie eine Glasscherbe, und das wird es gewesen sein, das «Musikstück des Engels», glissando, nicht Aufflackern der Trompete, kaum auf dem Dorfplatz, der sich auftut, auftut, aber wie, zurück am Ort der Geburt, mit sämtlichen heimischen Gegebenheiten: Wir werden nackt sein im Angesicht aller. Und alle unsere Akte werden gesichtet und gewichtet. Frevel, Missetaten, nach Strich und Faden Tausende von Werken und noch der hinterste der Gedanken, das vermehrt sich wie vor dem Winter die Ratten. Viel Unglück für nichts.

Ganz so wie die Gedichte, die man auswendig lernen mußte, ihr entsinnt euch, unter der Diktatur eines fürchterlichen Menschenfressers, in einem riesigen Land, zwei Schneetage von dem unsern, auswendig lernen mußten, um sie so den Gläubigen zu übermitteln von Mund zu Ohr (und derart erstellte man Archive, in der Luft! und ich kann sie nicht einmal vergleichen mit den in der Eisbank deponierten Lebensmitteln für allfällige Polarexpeditionen auf dem Rückweg); man wagte weder etwas zu schreiben, noch ein Heft in der Tasche noch ein Papier auf sich zu tragen; echt polare Bagnos hätten den Unvorsichtigen eingefroren. Werke, Mysterien von Wahrheiten, sind durch ein Wunder gerettet worden.

Nun, gerade so wird, war es denn zerbrechlich, gut oder schlecht, unser Leben durch ein anderes Wunder gerettet am Tag des Gerichts, jenem Tag der Schwärze, Tag der Klarheit. Das Herz wird alles sagen und seine ganze Kraft zusammennehmen. Lange schon sah es der vollen Offenbarung entgegen. Wir werden uns wahrhaft kennen wollen. Wie immer diese Enthüllung sein mag – daß alle uns sehen, ist die einzige Chance, geheilt zu werden. Bekenntnis, oder wie ein Körnchen verschleißt... Auf der Erde war es, in den Tränenecken, daß man sich manchmal töten wollte, um vor Schande nicht zu sterben...

Wir werden wissen wollen, wiewohl wissen verdammt sein bedeutet, denn wir werden ganz von selbst in Flammen aufgehn, wenn wir erst feststellen, wo sich das Paradies verbarg: auf der Innenseite all unserer Taten.

– Die guten Werke... sag?

– Es werden immer die der anderen sein.

– Herr Toter oder der du dafür gehalten wirst, wie wirst du dich verteidigen?

– Werweißen werde ich. Soll ich mich selbst verdammen? Hatte ich das nicht genug getan? «Das ist dein Leben?» wird der Richter, ein Engel aus meinem Dorf, mir sagen. «Ich bin es nicht, nackt bin ich, all diese Geschichten sind nur mein Kostüm.» Ich habe daran gedacht, ihm diese Antwort zu geben.

– Jetzt ist es am Richter, sich selbst zu verurteilen.

Plötzlich werde ich begreifen: Sollte ich nicht, wie ein anderer, die Welt in Gang setzen? Der ganze Schrecken, die ganze Häßlichkeit hienieden hat auch zu Gutem geführt, zu einer Schönheit, die mich übersteigt. Da ihre Herausforderung angenommen wurde, man denke an die Zeichen des Lazarus, an mit dem Leben bezahltes Dasein, an die kleinen Gedichte, geschrieben unter Todesstrafe. Wo ist mein Teil? Auf geheimnisvolle Weise wägt man mich in der Verkettung des Karmas nach Größen, die sich mir entziehen; das Leiden, dieser einzigartige grausame Kuß, ist nur ein Element unter den schwarzen oder weißen Gnaden. Geviertelt warte ich. Die Luft hat sogar meine Gedanken zurückgegeben.

Ich stehe in der Mitte eines Kreises von «Bekannten». Sie tratschen. Meine Form ist das Leere, wie jeder Schöpferische weiß. Es umgibt mich das Lachen aller, und ich werde das Wesen, das sich all diesem Bösen am stärksten widersetzt, eine Person, die ich auf Erden getroffen habe. Ja, von der ich geliebt worden bin, ohne dieser Gabe entgegnen zu können, sei denn durch Verletzen. Darum hatte ich wie eine Vergeltung das Sterben angenommen. Und bin in diesem von mir immer empfundenen Mangel neu geboren worden. Ich glaubte, Sterne löcherten dies Dorf am Ende der Welt, so enthoben wurde ich. Endlich würde ich mich sein, indem ich genau jener andere wurde. Eine Frau. Wiewohl, wie jedermann euch eintrichtert, es kein Geschlecht mehr gibt, wenn man auf der Erde der Geister bleibt, die sich auch lieben untereinander. Doch ich werde zu euch zurückkehren, träumte mir, mit der Erinnerung an ein paar innere Worte, einzige Spuren meiner Erfahrung des Unsichtbaren, und vergessen will ich, was mich betrifft, und wiederfinden mein Leben in Unwissenheit da, wo ich es verlassen habe, ganz und gar ungekannt.

– Nochmals leben dein Leben?

– Ganz neu.

– Und aufgeben dein Ich?

– Zum Austausch wird, in diesem seltsamen, wenn ich so sagen darf, von der Sternenrevolution erfaßten Dorf unglücklicherweise einer mich geworden sein. Ein Priester? Ein Aufrechter, aufgehängt in der Scheune (gehörnt, erhängt und zufrieden, sagten die Nachbarn). Nun war ich, ohne eigenes Verdienst, manchmal glücklich; ich hätte gewünscht, mein Schicksal fiele einer Frau zu. Die Priester haben mich oft verführt, von Bauern hab ich eine Ader, die Frauen liebte ich immer. Wer werde ich sein? Wissen werde ich es nie.

– Es gibt sie, diese Hinüberwanderungen?

– Die Gedanken müssen wieder einen Leib finden.

– Und dann, was geschieht dann? Gib uns Nachricht von dir!

Ein Mensch, ist er nicht alle Menschen?
Es raucht die Morgenfrühe.
Die ungeheure Armee der ausgemusterten Verdammten-Erwählten (auf den Kirchhöfen sind die Baue offen – die Irdischen fahren Ski) kehrt in die Provinzen zurück. Die Weltenden folgen einander wie ich, ohne sich umzudrehn. Der Tod unterscheidet sich nicht vom Leben, das ist, was ich mir sage und dabei die Tür meines Hauses öffne. Ich komme aus der Wüste aller meiner Lebensalter. Auf dem Weg habe ich Freundschaft geschlossen mit einem Jungen, der pfeift, auf dem Gesicht ein Anflug von Seigneur und von Matrose; ich lade ihn ein, bin glücklich, ihn zu bedienen auf einem großen Anwesen, von Efeu durchrankt und hochgehoben von riesigen bleichen Tannen, draus plötzlich ein flatternder Bussard sticht. Der Sitz (wo ist er?) hat einen Namen wie das Plätschern von einem Brunnen. Längs einer Mauer entzündet sich eine Reihe gelber Kakteen. Und in einem Obstgarten schoß wie eine Morchel ein kleines rotes Haus auf.
Es bläst. Ich spüre den Geschmack des Sandes in den Reben, die Wälder sind vom Föhn ganz blau.
«Es waren immer Maler hier herum», versichern die Spaziergänger. Ich sagte zu Gott: «Trenne nicht, was Du verbunden hast», aber, nicht wahr, wie meine Bibel sagt, oder diese scheppernde Büchse hier: das nun ist eine andere Geschichte.

Die Wanderkuckucke

*A*ber doch, da ihr mich liebt!

Ich erwarte sie immer, die Entschwundenen, schwerer als unsere Träume. Was ist da hinter unseren Türen? Die Zeit ist der Schatten der Seele. Bullauge, Witwerauge: blaue Kapelle, schwarzer Hut. Auf den Knien rede ich mit den hölzernen Heiligen.

– Engel, Engel, wo bist du?
– Wolf, schläfst du, was tust du?

Die Wangen röten sich mir an den Gittern. Alle meine Verwandten gingen so in den Tod, wie sie zur Messe gingen. Da drüben zwischen Pfingstrosen und Mohn regt sich ein Garten. Ich pflücke meine geistlichen Johannisbeeren, drängender noch als Quellen sind meine Gebetshäuschen.

– Kommst du, Onkel?
– Ich schlüpfe in mein Mäntelchen.
– Ich nehme Julia an den Arm.
– Du kommst?

Sie gehen durch das Gewölbe des Beinhauses. Ich sehe das Leichentuch. Den Stock von Marie hör ich und den von Ursula, wie eine Wünschelrute gegen die Wand. Ich rede zu den Putten aus Holz.

– Engel, Engel, wo bist du?
Komm heraus, die ganze Familie in der Hand.

Henri, mit seinem Gran von Wahn
Meine kleine Amélie der Schmerzen.

Sie und Sie.
Die Mutter, und dann das Meer meines Lebens.
Doch bersten wird mein Herz:

Wer ist's?
– Du selbst.

Die Blaubeeren-Augen meiner anderen Familie. Und
ich vernahm ein schwaches Lachen. Mit der ganzen
Welt, die mir erklang, und der Kapelle, die aufflog wie
ein Kuckuck.

Weitere einsam gute Geschichten
beim Bärenhüter im Waldgut ...

S. Corinna Bille
Hundert kleine Liebesgeschichten
Deutsch von Elisabeth Dütsch

Hier sind hundert kleine Geschichten in bester Manier der Corinna Bille: drängend, zärtlich, geistreich, von überschwenglich liebender bis zu scheinbar kühl analysierender Frau. Auch wenn Corinna Bille in einigen der Ministücke nicht direkt von Liebe schreibt – immer sind da menschliche Wärme, Sinnlichkeit, ja, manchmal Ausgelassenheit. Ein Sprach- und Sinnenfest.

«Dies sind zumeist aus Heimatboden gehobene, am Leben hundertfach geschliffene Kleinode. Sie zeugen von Liebesglück und -leid, Hoffnung und Erfüllung, von Stürmen in der allgegenwärtigen Natur und im Menschenherzen. Aus ihnen steigen Gebete auf und Träume, irreale und surreale Visionen. Ein urgewaltiges Aufbrechen von Sehnsüchten und Leidenschaften, die bedingungslose Hingabe an alles, was zwischen Mann und Frau, Himmel und Erde, Nacht und Tag, Aufkeimen, Erblühen und Sterben sich ereignet.

Das traumwandlerische Wissen um alle Nöte und Beseligungen des Körpers und der Seele und das präzise Wahrnehmungsvermögen machen aus ihr eine faszinierende Erzählerin. Nichts scheint ihr verborgen, aber auch nichts verschweigt sie. Als Mensch weiß sie sich ein Teil der mit aller Triebhaftigkeit der Natur ausgestatteten Kreatur.

Es sind hundert Liebesgeschichten, hundert Liebeserklärungen an das Leben, aus dem leidenschaftlichen, übervollen Herzen einer Dichterin, für die der Akt des Schreibens, wie sie sagt, dem Liebesakt gleichkommt.

Susi Nickler im ‹ Bund ›

S. Corinna Bille
Schwarze Erdbeeren
Erzählungen

Nach wie vor zählt Corinna Bille zu den größten Erzähle-
rinnen des französischen Sprachraums. In bilderreicher und
außerordentlich faszinierender Sprache, sind alle ihre Geschichten geprägt von einer tiefen Verbundenheit mit der
Natur. Fast erscheint es, als könne man die Landschaften
regelrecht sehen, als höre und rieche man die Wälder und das
herbstliche Laub im Wind. In Verbindung mit diesem
Naturempfinden finden sich dabei stets wiederkehrende
Motive wie Liebe, Leben und Tod, wobei der Tod geradezu
schicksalhaft ständig über allem schwebt, ohne gefährlich zu
wirken. Vielmehr schließt sich erst durch ihn der Kreislauf
des menschlichen Lebens.

Die Eindringlichkeit dieser Erzählungen wird möglich
durch die sensible Überzeugung von Marcel Schwander. Er
ergänzt seine Arbeit durch ein sehr interessantes Nachwort
zum Leben und Wirken Corinna Billes. Die kunstvolle und
handwerklich hochwertige Verarbeitung des Buches, wie sie
dem Verlag im Waldgut eigen ist, rundet das Ganze ab, zu
einem Buch, das nicht nur den Geist, sondern auch Auge und
Hand zu erfreuen vermag.

‹*Rezensiönchen*›, *Universität Bamberg*

Alle Ausgaben des Bärenhüters im Waldgut
sind illustriert von Ruedi Baumann

Maurice Chappaz
Rinder, Kinder und Propheten
Zweitausend Jahre in den Bergen
in sechsunddreißig Bildern

Was Laxness für Island, was Aitmatow für Kirgisien, ist Maurice Chappaz für das Wallis: totaler Dichter einer Landschaft, einer heutigen Mythologie, eines Volkes. Reportage, Dichtung, Straf- und Lobgesang in einem, wird in diesem Buch ein Stück Erde zur Welt und zur Welt-Literatur gebracht. In einer Sprache, die lustvoll barock, exakt und liebend, verspielt und zornig dem Leser Leidenschaft abverlangt – und ihn verzaubert. Und: ob pralle Geschichten aus dem alten Wallis, ob ein Furioso über die sehr heutigen Kaputtmacher, ob eine Liebeserklärung an die Menschen – er ist immer dabei, der Wein, der göttliche, und menschliche.

In diesem gewaltigen Spottlied voller barocker Sprachbilder nimmt Chappaz alles aufs Korn, was dem Walliser (und nicht nur ihm) heilig ist. Er rührt an sämtliche Tabus und zeichnet höllische und himmlische Charaktere, deren pralle Lebensfülle spontan zum Lachen reizt.

Lange Zeit galt *Le Match Valais-Judée* als unübersetzbar. Und als es schließlich nach sieben Jahren auf Deutsch erschien, fand es die Kritik ebenso unverständlich wie exotisch. Selbst nach mehreren Publikationen in der Deutschschweiz sei Chappaz immer noch ein Gerücht, erklärte damals sein Übersetzer Pierre Imhasly.

Mürra Zabel im ‹Bücherpick›